事 業 者 必 携

最 新

社会保険の
しくみと
届出書類の書き方

社会保険労務士
林 智之 [監修]

三修社

はじめに

　会社において、事業所の運営上、社会保険の手続きを避けて通ることはできません。たとえば、従業員の採用・退職時、出産時、育児を理由として従業員が休業した場合、住所が変わった場合には、社会保険の加入・喪失手続きや変更手続きが必要です。

　また、毎年行う定時決定や賞与の支払時など、定例的な事務としての社会保険の手続きも必要となります。ただ、「社会保険」といっても、年金や健康保険など、複数の種類があり、手続きの種類によって届出先や提出期限も異なります。

　実際に会社で社会保険関係の手続きを担当している人でも、さまざまな面で苦労した経験があると思います。たとえば新しく社員を採用した際の手続き一つにしても、健康保険や厚生年金保険の資格取得届、など何枚もの書類を提出しなければならず、しかも正社員、パートタイマーの雇用形態や家族構成などによって記入内容が異なってきます。

　法改正も多く、ベテランの人でも改正直後はとまどうことがしばしばでしょう。最近は電子申請ができるようになるなど、社会保険の手続きにおいてもＩＴ化が進んでいますが、その方法を知っていると知らないとでは作業時間が大きく違ってきます。

　そこで本書では、制度のしくみなどの基本的な知識はもちろんのこと、電子申請の方法などにも触れながら、実務上利用される頻度の高い手続きと書式例をピックアップし、書式作成上のポイントや添付書類等を解説しました。特に、社会保険の算定基礎届・月額変更届については、さまざまなケースでの書式例を豊富に掲載しています。

　保険料の改定や育児・介護休業法など、最新の法改正にも対応しています。

　社会保険事務がはじめての社員からベテラン社員まで、社会保険事務を担当している多くの皆様に本書をご活用いただければこれに勝る喜びはありません。

監修者　社会保険労務士　林　智之

Contents

第3章　健康保険のしくみ

第4章　最低限知っておきたい厚生年金のしくみ

第5章　ケース別　算定基礎届・月額変更届の書き方

第8章　会社に関する事務手続き

第9章　事業所調査のしくみ

第1章

社会保険・労働保険の全体像

社会保険・労働保険とは

● 保険は相互扶助の精神から生まれた

　将来起こるかもしれない危険（ケガや病気など）に対し、予測される事故発生の確率に見合った一定の保険料を加入者が公平に分担することによって、万一の事故に備える制度が「保険」です。保険は相互扶助の精神から生まれた、助け合いの制度です。保険には、生命保険や損害保険、給料から天引きされる雇用保険や介護保険などさまざまなものがあります。

　これらのうち、生命保険や損害保険のように加入するかどうかが個人の自由にまかせられている保険を私的保険といいます。

　これに対して、労働保険や社会保険は、強制的に加入することが義務付けられている保険です。会社の場合、従業員を１人でも雇った場合には、原則として、労働保険と社会保険に加入する義務があります。

　このように法律で加入が義務付けられている保険のことを公的保険といいます。公的保険は労働保険と社会保険の総称です。

● 各保険の守備範囲はどうなっているのか

　労働保険は労働者災害補償保険（労災保険）と雇用保険の２つの制度からなります。社会保険は健康保険、厚生年金保険、国民年金、国民健康保険などからなります。これらの保険制度は、制定された過程や目的などからその保険給付の対象（保険給付の原因となる疾病、失業、加齢など）がそれぞれ異なっています。

　ただ、場合によっては、２つ以上の保険の支給対象となることもあります。このような場合はいずれかの保険で支給が調整（不支給または減額支給）されて、保険の給付を受ける者が二重に給付を受けるこ

とがないようになっています。

　労災保険・雇用保険・健康保険・厚生年金保険の内容を簡単にまとめると、下図のとおりです。

■ ４つの保険制度 ……………………………………………

労働者災害補償保険	労働者が仕事中や通勤途中に発生した事故などによって負傷したり、病気にかかったりした場合に治療費などの必要な給付を受けることができる。また、障害などの後遺症が残った場合や死亡した場合などについても保険給付がある。
雇用保険	労働者（被保険者）が失業した場合や本人の加齢（年をとること）、家族の育児・介護などのために勤め続けることが困難になった場合に保険給付が行われる。また、再就職を支援するための給付も行う。
健康保険	被保険者とその扶養家族が病気やケガをしたとき（仕事中と通勤途中を除く）に必要な給付を行う。出産した場合や死亡した場合にも一定の給付を行う。
厚生年金保険	被保険者が高齢になったとき、事故等で体に障害が残ったとき、死亡したとき（遺族の所得保障）などに給付を行う。

■ 公的保険のしくみ ……………………………………………

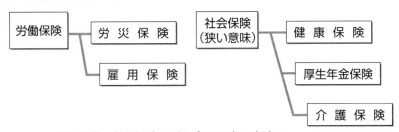

雇用保険・労災保険なども含めて広い意味で
「社会保険」という言葉を使うこともある

公的保険は誰が運営しているのか

● 公的保険の運営主は国と公法人である

生命保険や損害保険などの私的保険は企業などによって運営されています。これに対して、公的保険は国（政府）または公法人（地方公共団体・全国健康保険協会）によって管理・運営されています。公的保険で給付が行われる場合の財源は、国が負担するものの他、会社などの事業所やそこで働く労働者から徴収する保険料によってまかなわれています。

● 保険者とは運営主、被保険者とは加入者のこと

国などのように保険を運営する主体（「管掌」といいます）を保険者といいます。また、保険に加入する者のことを被保険者といいます。正社員として働く会社員などがこれにあたります。

公的保険（労働保険と社会保険）の制度は、国または公法人（地方公共団体・全国健康保険協会・健康保険組合・国民健康保険組合）が保険者ですが、実際の窓口はそれぞれの保険ごとに違います。

ここでいう窓口とは、それぞれの保険制度への加入手続や所定の書類の提出を行ったり、保険給付を行う場合の手続をする場所のことです。

● 公的保険の窓口は国の出先機関である

労災保険と雇用保険の保険者はともに国（政府）です。ただ、実務的に書類を提出したり、必要な手続を行う窓口になるのは、国の出先機関です。労災保険の場合、厚生労働省の指揮・監督の下にある都道府県労働局が保険の適用や保険料の徴収などの事務を行いますが、保険給付等の通常の業務はさらに各労働局が指揮・監督する労働基準監

督署が行っています。このため、労災保険についての一般的な窓口は労働基準監督署（労基署）となります。なお、労働条件や職場の問題などで困った場合の労働相談の受付に関しては、各都道府県労働局と、各労働基準監督署でも行っています。

　一方、雇用保険も、都道府県労働局の管轄ですが、一般的な窓口は労働局が指揮・監督する公共職業安定所（ハローワーク）になります。

　健康保険の運営事務については全国健康保険協会の本部により行われますが、地域の実情をふまえた保険事業を展開するために都道府県支部が設置されています。被保険者の資格取得・喪失、保険料などの納付は年金事務所が、保険給付や任意継続などの手続きは協会の都道府県支部が窓口になります。

　また、健康保険組合がある大企業などの場合は健康保険組合自体が窓口になります。

　厚生年金保険の窓口は、健康保険と同様に年金事務所となっています。

■ 労働保険と社会保険の管轄と窓口 ……………………………………

	保険の種類	保険者	管　轄	窓　口
労働保険	労災保険	国（政府）	都道府県労働局	労働基準監督署
	雇用保険		都道府県労働局	公共職業安定所（ハローワーク）
社会保険	健康保険	全国健康保険協会	全国健康保険協会	協会の都道府県支部 年金事務所
		健康保険組合	健康保険組合	健康保険組合
	厚生年金保険	国（政府）	日本年金機構	年金事務所

3 電子申請について知っておこう

● 電子申請とは

　従来、社会保険料の申告などの手続きは、管轄の行政機関（社会保険の場合、年金事務所など）に出向いた上で、申請書などの紙を提出することによって行っていました。しかし、現在では、行政手続きについての電子化が進んでいます。社会保険関連の申請手続きも同様で、パソコンを使ってインターネット経由で電子申請を行うことができるようになりました。令和2年4月からは、特定の法人（資本金が1億円を超える法人など）は、一部の手続きについて電子申請で行うことが義務化され、行政手続きのコスト削減化が進められています。

　政府は、電子政府の総合窓口としてe-Gov（イーガブ）というホームページを開設しており（https://shinsei.e-gov.go.jp/）インターネットを利用した電子申請を行う場合には、この電子政府の総合窓口を利用します。

　電子申請のメリットは、システムのメンテナンス時間を除いて、いつでも、どこからでも、申請することができる点です。紙による申請の場合のように、実際に出向いて書類の提出や手数料の納付をすることなく、一連の手続きをすませることができます。

　社会保険に関するほとんどの手続きは、e-Govを利用して電子申請することができます。たとえば、「健康保険・厚生年金保険被保険者資格取得届」「健康保険・厚生年金保険新規適用届」「健康保険・厚生年金保険被保険者報酬月額算定基礎届」といった手続きで電子申請を利用することができます。

● 事前にどんな準備が必要なのか

　電子申請を行う場合には、申請データに対する電子署名をしなけれ

ばなりません。この電子署名をするには、認証局が発行する電子証明書が必要となります。電子証明書とは、身分や所属組織を電子的に証明するものです。この電子署名と電子証明書によって、セキュリティ上安全な電子申請が行えるようになっています。

電子証明書を取得するには、認証局に対して利用申請書と必要書類一式を郵送し、ICカードなどを取得する必要があります。なお、署名用の電子証明書が内蔵されたマイナンバーカードを電子証明書として利用することもできます。

電子証明書はマイナンバーカードなどのICカード形式のものの他に、ファイル形式のものもあります。セキュリティの面から考えるとICカード形式のほうが、安全性が高いようです。ICカードを利用する場合には、別途ICカードリーダーを準備しておく必要があります。ICカードリーダーは市販されていますから、機能をよく見て必要なものを購入するようにしましょう。また、ICカードリーダー機能のあるスマートフォンを ICカードリーダーとして使うこともできます。

令和２年11月からは、Gビズ（ジービズ）ID（共同認証システム）を使い、e-Govから電子申請をすることが可能になりました。 GビズIDを使う場合は、電子証明書は不要になります。ただし、一部の社会保険の申請手続きについては、GビズIDを使って電子申請をすることができないため、その場合は電子証明書を使用して電子申請をすることになりますので注意が必要です。

GビズIDの取得には、申請書・印鑑登録をした印鑑・印鑑（登録）証明書が必要です。一度取得すれば、電子証明書のような有効期限や更新の手続きなどは必要ありません。

次に、電子申請に利用するパソコンを設定します。設定する前に、そのパソコンで電子申請を行うことができるかどうかを確認しておく必要があります。e-Govのサイトに掲載されている要求スペックを確認し、性能の面で問題がないかどうか確認してください。

そして、e-Gov電子申請のログインに必要なアカウントを準備します。ログインに使用できるのは、①e-Govアカウント、② GビズID、③Microsoftアカウントのいずれかです。

さらに、ブラウザの設定とe-Gov電子申請アプリケーションのインストールを行います。e-Gov電子申請アプリケーションとは、e-Govで電子申請する際に利用するアプリケーションのことです。いずれもe-Govのサイト内で手順やアプリケーションのインストール方法が説明されています。

最近は、電子申請API対応のソフトウェアも多数発売されており、労務管理システムなどの業務支援ソフトウェア製品等を使用することによって、より簡単に電子申請を行うことができるようになっています。

また、一部の社会保険の届出については、日本年金機構から届出作成プログラムというアプリケーションをダウンロードすることにより、届書作成から申請までを行うことが可能です。

e-Gov 電子申請を利用する場合には、事前に電子証明書や GビズID、e-Gov電子申請のログインに必要なアカウントを取得し、使用するパソコンを設定する必要があります。手続きの流れは下図のとおりです。

■ 電子申請を利用した手続きの流れ ……………………………………

電子証明書の取得・プログラムのインストールなど動作環境を整える

▶ 電子申請システムの画面で、申請する手続を検索し、申請データを作成する

▶ 作成した申請データに電子署名を行い、申請データを保存した上で送信する

▶ 受信した申請書の内容と電子署名の検証が行われ、問題がなければ申請書の到達として扱われる

▶ 到達番号、問合せ番号が申請者に送信されるので、状況照会画面で番号を入力し申請状況を確認する

▶ 申請手続きが終了する

※上記の手続きの流れは一般的な流れを概略して記載したもので、代理人申請を行う場合など、手順が異なることもある

実際に電子申請を行ってみよう

● 申請手順について

電子申請を行うための事前準備をすませたら、実際に電子申請をする際に使用するデータを作成します。使用するデータを作成したら、いよいよ実際にe-Govから電子申請を行うことになります。

電子申請を実際に行う際には、e-Govのウェブサイトにアクセスし、そこから「電子申請のトップページ（https://shinsei.e-gov.go.jp/）」に移動します。

【電子申請のトップページ】

【初めての方はこちら】というリンクボタンがあるので、そのボタンをクリックし、【e-Gov電子申請のご利用の流れ】を確認します。特に問題がなければ、トップページに戻り【ログイン】ボタンをクリックします。

【e-Gov電子申請アプリケーションの起動】

e-GOV 電子申請

e-Gov電子申請アプリケーション起動

申請等の手続は「e-Gov電子申請アプリケーション」を使って行います。
インストールがお済みの場合は、下のボタンからアプリケーションを起動し、手続に進んでください。

e-Gov電子申請アプリケーションを起動

☐ 次回からはこの画面を省略し、直接アプリケーションを起動する。

▍e-Gov電子申請アプリケーションのインストールがお済みでない方は

e-Gov電子申請アプリケーションのインストールがお済みでない方は、こちらからダウンロードしてインストールしてください。

e-Gov電子申請アプリケーションのダウンロード

▍アカウントの準備がお済みでない方は

e-Gov電子申請サービスへのログインには、e-Govアカウント、GビズID、または他認証サービス（2020年12月現在、Microsoftアカウント）のうち、どれか1種類のアカウントが必要です。
アカウントの準備がお済みでない方は、利用準備の①をご確認の上、e-Gov電子申請サービスで利用できるアカウントをご準備ください。

　e-Govから電子申請をするには、e-Gov電子申請アプリケーションが必要です。e-Gov電子申請アプリケーションを既にインストール済の場合は、【e-Gov電子申請アプリケーションを起動】をクリックします。e-Gov電子申請アプリケーションをまだインストールしていない場合は、【e-Gov電子申請アプリケーションをダウンロード】をクリックし、インストールを行います。

【e-Gov電子申請アプリケーションでのログイン】

【マイページ】

e-Gov電子申請アプリケーションを起動すると、ログイン画面が出てきます。e-Govアカウントを持っている場合は、メールアドレスとパスワードを入力します。 e-Govアカウントを持っていない場合は、GビズIDまたはMicrosoftアカウントのいずれかを選択し、同様のログインをします。

ログインをすると、最初にマイページが出てきます。申請を行う際には、マイページのメニューから【手続検索】をクリックして、必要な手続きを検索した上で、画面に従って作業を進めていくことになります。

【手続検索】

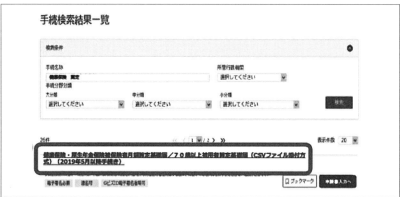

　申請の具体的な手順としては、まず、電子申請を行う手続きを検索します。

　たとえば「健康保険　算定」と入力すると、上記のように検索結果が表示されます。

【「健康保険・厚生年金保険被保険者報酬月額算定基礎届」の検索結果】

健康保険　厚生年金保険被保険者月額算定基礎届／70歳以上被用者算定基礎届
（CSVファイル添付方式）(2019年5月以降手続き)

手続概要	この届書は、被保険者または70歳以上被用者の実際の報酬と標準報酬月額との間に大きな差が生じないように、7月1日現在で被保険者、70歳以上被用者である方（6月1日以降に新たに資格取得された方等を除く）の4月から6月に支払われた報酬を届出いただき、その年の9月から適用される標準報酬月額を決定するためのものです。事業主は、毎年7月1日から10日までに当該届書を提出しなければなりません。
根拠法令	健康保険法41条、48条、健康保険法施行規則25条、厚生年金保険法21条、27条、厚生年金保険法施行規則10条の4、18条　日本年金機構ホームページ
電子申請方法案内	
告知情報	【不服申立方法】決定があったことを知った日の翌日から起算して3カ月以内に文書又は口頭で、社会保険審査官（地方厚生局内）に審査請求することができます。

戻る　　　　　　　　　　　　　　　　　　　申請書入力へ

　表示された検索結果の中から適切なもの（今回の例は健康保険・厚生年金保険被保険者報酬月額算定基礎届）を選択すると、電子申請システムによる手続に関する情報が表示されるので【申請書入力へ】ボタンをクリックします。

【申請者情報入力】

申請書入力

基本情報を選択し、申請・届出様式に必要な事項を入力してください。

1. 基本情報

未設定・変更する場合には、それぞれ設定ボタンを押してください。

申請者情報　　　　　　　　　　　　　　　　申請者情報を設定

法人名	
申請者氏名	
住所	

連絡先情報　　　　　　　　　　　　　　　　連絡先情報を設定

法人名	
連絡先氏名	
住所	

　【申請書入力へ】ボタンをクリックすると、基本情報の入力画面が表示されますので、申請者情報（法人名、申請者氏名、住所）、連絡先情報（法人名、連絡先氏名、住所）を入力します。

基本情報の入力後、画面を下にスクロールすると申請する様式が出てくるので、様式を確認し申請内容についての必要な情報を入力していきます。

【申請様式の確認と入力】

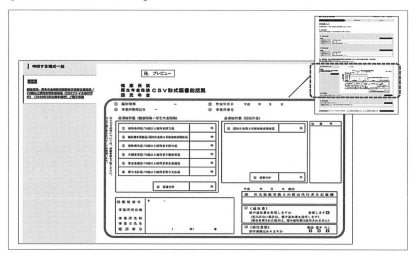

　その際に、書類を添付しなければならない手続きについては添付書類の入力操作を行います。そして、申請書の提出先を選択します。

【添付書類】

【提出先選択】

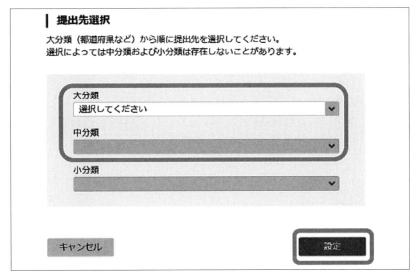

　申請情報の入力、必要書類の添付、提出先の選択後、画面を一番下までスクロールし、【内容を確認】をクリックします。申請データを保存する場合は、【申請データを保存】または【一時保存して中断】をクリックします。

【内容を確認】

【電子証明書の選択】

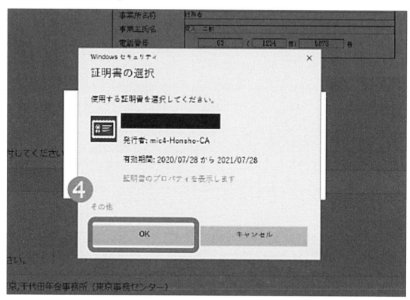

　電子署名が必要な申請手続きの場合は、電子証明書を選択します。

　その後、【申請内容確認】の画面が出てきますので、入力した内容のチェックを行い、修正がなければ【提出】ボタンをクリックして申請します。申請内容に修正がある場合は【修正】ボタンをクリックし修正を行います。【申請内容を出力（PDF)】をクリックすると、申請内容をPDFで出力することができます。

【申請内容確認】

【提出完了メッセージの表示】

　一連の手続きが完了すると、到達番号が表示されます。【申請書控えを出力（PDF)】をクリックすると、申請書の控えを保存することができます。

● 申請状況の確認と手続きの終了

　申請手続の終了後、提出先の年金事務所で届出の審査が行われます。申請者は、e-Gov電子申請アプリケーションから申請が受理されるまでの状況を確認できます。状況照会は、e-Gov電子申請アプリケーションの【申請案件一覧】をクリックして行います。申請や添付書類に不備がある場合、年金事務所から補正の通知が送られてくることがありますので、状況確認を怠らないようにしましょう。

　申請後、審査が終了すると終了通知がメールで届きます。公文書（健康保険・厚生年金保険資格取得確認および標準報酬決定通知書など）が発行される手続きを行った場合には、公文書確認の通知メール

も届くので、e-Gov電子申請アプリケーションのマイページの【公文書】、またはメニューから【状況案件一覧】をクリックして公文書を取得します。

【申請案件状況】

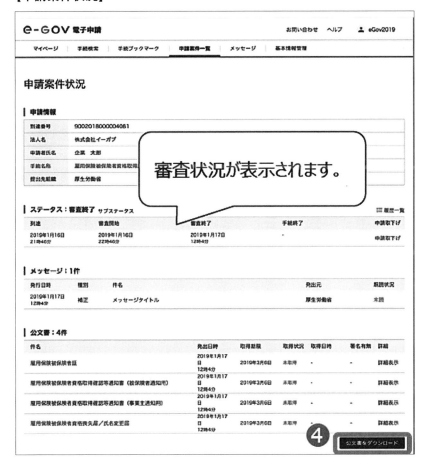

パートタイマーの労働保険や社会保険への加入条件

　パートタイム・有期雇用労働法は、正社員と同視できる短時間・有期雇用労働者に対する差別取扱いを禁止しています。一定の要件に該当すれば、パートタイマーも労働保険や社会保険に加入する必要があります（下図）。労災保険は、事業所単位で強制加入ですので、パートタイマーも当然に適用対象です。雇用保険は、１週間の労働時間が20時間以上であるなどの要件を満たした労働者が被保険者になります。社会保険は、原則として１週間の労働時間と１か月の労働日数が正社員の４分の３以上の労働者が被保険者になります。１週間の労働時間または１か月の労働日数が正社員の４分の３未満の場合は、①１週の労働時間20時間以上、②月額賃金8.8万円以上（年収106万円以上）、③勤務期間２か月以上（見込みを含む）、④学生でない、⑤従業員が常時、厚生年金保険被保険者数101人以上の企業（令和６年10月からは51人以上）という要件を満たす労働者も被保険者になります（特定適用事業所）。

■ パートタイマーと労働保険・社会保険の適用 ……………………

保険の種類		加入するための要件
労働保険	労災保険	なし（無条件で加入できる）
	雇用保険	31日以上引き続いて雇用される見込みがあり、かつ、１週間の労働時間が20時間以上であること
社会保険	健康保険	１週間の所定労働時間および１か月の所定労働日数が正社員の４分の３以上であること
	厚生年金保険	※１週間の所定労働時間または１か月の所定労働日数が正社員の４分の３未満で一定条件を満たしていること（本文参照）

第2章

社会保険のしくみ

① 社会保険とは

● 健康保険と厚生年金保険の手続きは一緒に行われる

社会保険の実務では、通常、労働者災害補償保険と雇用保険を労働保険と呼び、健康保険、厚生年金保険、介護保険などのことを社会保険と呼びます。健康保険と厚生年金保険は、給付の目的や内容が異なりますが、適用事業所など多くの部分で共通点があることから、健康保険と厚生年金保険の手続きを一緒に行うケースが多くあります。健康保険と厚生年金保険は一般的に同時にセットで加入しますので、健康保険の適用事業所と厚生年金保険の適用事業所は原則として同じです。

社会保険は事業所単位で適用されます。事業所とは、本店（本社）の他、支店、出張所、工場など、一定の場所のことです。そこで働く従業員への賃金の支払いや、人事・労務管理などが独自に行われている場合には、それぞれが適用事業所となります。ただ、出張所や工場などで社会保険の事務を処理することができないような場合は、本社で一括して事務処理を行うこともできます。

社会保険の適用事業所は、①強制適用事業所と、②任意適用事業所の2つに分類することができます。

① 強制適用事業所

強制的に社会保険が適用される事業所を強制適用事業所といいます。会社などの法人の場合は、事業の種類に関係なく1人でも従業員がいれば、社会保険に加入しなければなりません。

法人の代表者は法人に使用されている者と考えるため、従業員には、一般の社員に限らず、法人の代表者（社長）やその家族従事者、役員（取締役）なども含みます。

一方、個人事業主の事業所の場合は、強制的にすべての事業者が社

会保険に加入しなければならないわけではありません。個人の事業所の場合、一定の業種（工業や金融業などの16業種）の事業所で、5人以上の従業員（個人の場合、事業主本人は加入できないため、5人の中には含みません）がいるときに社会保険の適用事業所となります。

② 任意適用事業所

　強制適用事業所に該当しない事業所であっても社会保険に加入することができます。強制適用事業所でない事業の事業主が社会保険への加入を希望する場合は、被保険者となることができる従業員の2分の1以上の同意を得て、年金事務所に加入申請を行う必要があります。そして、厚生労働大臣の認可を受けることによって適用事業所となります。このようにして社会保険に加入することになった事業所を任意適用事業所といいます。

　また、任意適用事業所の場合は、被保険者の4分の3以上の同意がある場合は、事業主の申請に基づき、厚生労働大臣の認可を受け、任意適用を取り消すことができます。この場合、従業員の全員が被保険者資格を喪失します。

● 健康保険の被保険者になる人とならない人

　適用事業所に常勤で使用される労働者は、原則としてすべて被保険者となります。役職や地位には関係ありません。

■ 適用事業 ・・

①強制適用事業所
⇒ 法人の場合、1人でも従業員がいれば
　社会保険に加入する

②任意適用事業所
⇒ 被保険者となることができる従業員の
　2分の1以上の同意を得て、年金事務所に
　加入申請を行う

代表者や役員も法人に使用されるものとして被保険者になります。法人についてはどのような会社であっても社会保険の強制適用事業所となるため、社長1人だけの会社であっても健康保険に加入しなければなりません。一方、個人事業者の場合の事業主は被保険者にはなれません（適用除外）ので注意が必要です。

　また、パートタイマーやアルバイトなどの労働者は、必ずしも被保険者となるわけではありません。アルバイトやパートタイマーは、その就業実態を総合的に考慮して判断されますが、正規の社員（労働者）の勤務時間と勤務日数の両方がおおむね4分の3以上勤務する場合に被保険者となります。

　たとえば、正社員の所定労働時間が1日8時間の会社で、勤務日数は1か月20日と正社員とほぼ同様に働いていたとしても、1日の勤務時間が4時間（8時間の4分の3未満）のパートタイマーは社会保険未加入者となります。これに対し、週の所定労働時間が30時間（40時間の4分の3）で、月間勤務日数が正社員の4分の3以上であれば社会保険の加入者となります。また、特定適用事業所では別の定めとなります。

● 厚生年金の被保険者になる人とならない人

　74歳まで加入できる健康保険と異なり厚生年金保険の被保険者は70歳未満の者とされています。つまり、70歳以上の者が適用事業所に勤務していた場合、その人は、健康保険については被保険者になりますが、厚生年金保険については被保険者としては扱われません。ただし、70歳になっても年金の受給資格期間（10年）を満たさず、年金を受給できない場合には、70歳以降も引き続き厚生年金に加入できる「高齢任意加入」という制度を利用することができます。

● 短時間労働者の加入基準

「正規の社員と比べ勤務時間と勤務日数のおおむね４分の３以上」が短時間労働者の社会保険への加入基準となっていますが、この基準以下の短時間労働者であっても、次の①〜⑤のすべての要件に該当する場合は、健康保険・厚生年金保険に加入することができます。

① 週の所定労働時間が20時間以上あること。

② 賃金の月額8.8万円以上であること。

③ 昼間部学生でないこと。

④ 被保険者数が常時101人以上（令和６年10月からは51人以上）の企業に勤めていること。

ただし、④については、下記に該当する被保険者が常時100人（令和６年10月からは50人）以下の企業でも社会保険に加入することが可能です。

ⓐ 労使合意に基づき申出をする法人・個人の事業所

ⓑ 国・地方公共団体に属する事業所

■ 健康保険の被保険者となる者 ……………………………………

	従業員区分	左の者が被保険者となる場合
❶	②〜⑤以外の正社員	常に被保険者となる
❷	アルバイト・パートタイマー	正社員の勤務時間と日数のおおむね４分の３以上勤務する者
❸	日雇労働者	１か月を超えて引き続き使用される者
❹	季節労働者	当初から４か月を超えて使用される者
❺	臨時的事業に雇用される者	当初から６か月を超えて使用される者

社会保険料の決定方法

◉ 社会保険の保険料は労使折半で負担する

　社会保険の保険料は、被保険者の報酬に保険料率を掛けて算出した保険料を、事業主と労働者で折半して負担します。被保険者の負担分は、事業主が毎月の給料や賞与から天引き（控除）して預かります。

　ただ、毎月の給料計算のたびに給料に保険料率を掛けて保険料を算出していたのでは、給料計算事務の担当者の事務負担が相当なものになってしまいます。そのため、社会保険では、あらかじめ給料の額をいくつかの等級に分けて、被保険者の給料をその等級にあてはめることによって保険料を決定するというしくみを採用しています。

　なお、賞与にかかる社会保険料も、給料と基本的に同様で、標準賞与額に保険料率を掛けて求めた額になります。

　給料から控除する保険料の決め方には、資格取得時決定、定時決定、随時改定の３つのパターンがあります。

・資格取得時決定

　会社などで新たに労働者を採用した場合、その労働者の給料（社会保険では「報酬」といいます）から控除する社会保険料を決定する必要があります。この場合に行われるのが資格取得時決定です。控除される保険料は採用時の報酬を基準に算出します。採用時の報酬をあらかじめ区分された報酬の等級にあてはめます。

　このようにして決定された報酬月額は、一定期間使用することになります。使用期間（有効期間）は資格取得日によって変わってきます。１月１日〜５月31日までに決定された場合は、その年の８月31日まで有効です。一方、６月１日〜12月31日までに決定された場合は、その年の翌年の８月31日まで有効になります。いずれの場合も９月以降

については、後述する定時決定により、新たな報酬月額が決まります。

・定時決定

　定時決定とは、毎年7月1日現在において、その事業所に在籍する労働者の4、5、6月の支給日に実際に支払われた報酬額を基準にして、新たな報酬月額を決定する手続きです。定時決定は被保険者全員を対象とするのが原則ですが、その年の6月1日以降に被保険者となった者とその年の7、8、9月のいずれかから随時改定によって標準報酬が改定される者は対象外です。

　病気などで長期間休職している場合のように、4月〜6月の3か月間に報酬支払基礎日数（給与計算の対象となる日数のこと）がなかった労働者については、従前（前年）の標準報酬月額をそのまま使用します。また、特定適用事業所に勤務する短時間労働者の定時決定は、4、5、6月のいずれも支払基礎日数が11日以上で算定します。

　新しい報酬月額は、「（4〜6月に受けた報酬の額）÷ 3」という式によって求めた額を報酬月額表にあてはめて、年金事務所が決定します。新しく決定された（年金事務所から通知を受けた）標準報酬月額は、その年の9月1日から改定されます。なお、社会保険料は当月

■ 定時決定による社会保険料の改定 ⋯⋯⋯⋯⋯⋯⋯⋯⋯⋯⋯⋯⋯⋯

新等級
（9月〜翌年8月まで）

4月	5月	6月	7月	8月	9月	10月

新たな等級の算定対象期間
（月17日以上の
報酬支払基礎日数がある場合）

※月17日に満たない場合は一定の条件で改定を行う。

分を翌月支給の報酬から控除する場合は、10月1日以降に支給される報酬から新しい社会保険料を控除することになります。

・随時改定

標準報酬月額の改定は原則として1年に1回だけ行います。しかし、現実的には、定時昇給（一般的には4月）以外のときに大幅な報酬額の変更（昇給または降給）が行われることもあります。そこで、以下のすべての条件に該当するときには、次の定時決定を待たずに標準報酬月額を変更することができます。これが随時改定です。

① 報酬の固定的部分（基本給、家族手当、通勤手当など）に変動があったこと

② 継続した3か月間の各月の報酬（残業手当などの変動する部分も含む）が現在の標準報酬月額に比べて2等級以上上がった（下がった）こと

③ 3か月とも報酬支払基礎日数が17日以上あること（特定適用事業所に勤務する短時間労働者は11日以上）

なお、①の固定的部分の変動があったことに該当するものには、次のような場合があります。

・昇給（ベースアップ）や降給（ベースダウン）

・住宅手当や役職手当などの固定的な手当の追加、支給額の変更

・給与体系の変更（日給から月給への変更など）

・日給、時間給の基礎単価（日当や単価）の変更

・歩合給や請負給などの単価、歩合率の変更

● 算定基礎届の提出

定時改定の手続きは、7月1日現在雇用するすべての被保険者の4、5、6月に支払った報酬を算定基礎届に記載し、提出します。届出は、6月下旬頃に届出用紙が各事業所に郵送され、7月1日から10日までに指定の場所へ提出します。提出方法も多様化しており、電子申請を

することも可能です。

提出する書類は、「健康保険・厚生年金保険被保険者報酬月額算定基礎届（算定基礎届）」です。

「算定基礎届」は、個々の労働者の標準報酬月額を決定し、次の9月から翌年の8月分まで使用する保険料額を決めるための書類です。正社員だけでなく、パートタイマーやアルバイトなどの短時間労働者も被保険者であれば、届出が必要です。70歳以上の従業員（70歳以上被用者）の届出も必要です。本来70歳であれば、厚生年金保険の資格を喪失します。一方で、老齢厚生年金を受給しているのが一般的です。給与と年金額が一定以上になると、年金額が調整されるため、年金事務所に「算定基礎届」を通して、給与（＝標準報酬月額）を申告しているのです。

■ 定時決定による標準報酬月額の求め方 ……………………

〈例1〉3か月ともに支払基礎日数が17日以上あるとき

月	支払基礎日数	支給額
4月	31日	305,000円
5月	30日	320,000円
6月	31日	314,000円

→3か月間の合計　　　　939,000円
平均額　939,000円÷3 ＝313,000円
標準報酬月額　　　　320,000円

〈例2〉3か月のうち支払基礎日数が17日未満の月があるとき

月	支払基礎日数	支給額
4月	31日	312,000円
5月	16日	171,000円
6月	31日	294,000円

※17日未満の月を除いて合計する
→2か月間の合計　　　　606,000円
平均額　606,000円÷2 ＝303,000円
標準報酬月額　　　　300,000円

※支払基礎日数はその月の暦日数ではなく、給与支払いの対象となった日数を記載する。たとえば、「20日締め25日支払い」の場合、4月25日に支払われる給与についての基礎日数は3月21日〜4月20日までの31日間となるため、4月の支払基礎日数は31日となる。5月25日に支払われる給与については、4月21日〜5月20日までの30日間となるため、5月の支払基礎日数は30日となる。

③ 報酬

● 退職金・慶弔金などは報酬に含まない

　報酬（給料）は法律によって、賃金、報酬、給料、手当などいろいろな呼び方をされます。そして、法律によって給料の範囲が異なる場合もあります。

　たとえば、労働基準法では、労働契約や就業規則などによって支給条件が明確にされている退職金や結婚祝金・慶弔金などは、給料に含めます。

　これに対して、社会保険（健康保険や厚生年金保険）では、次ページ図のようになっています。

● 賞与を支払ったら年金事務所に届け出る

　一般的に賞与は、夏季（6月や8月が多い）と冬季（12月が多い）の年2回支払われています。年4回以上賞与が支給される場合は、給与とみなし、標準報酬月額の算定の対象とします。

　会社などの事業所で労働者に賞与を支払ったときは、その金額を年金事務所に届け出る必要があります。年金事務所は、この届出をもとにして、賞与にかかる保険料と毎月の給与にかかる保険料を合算した金額を算出し、事業主に通知します。

　事業主が年金事務所に提出する届出を「健康保険厚生年金保険被保険者賞与支払届」といいます。この届出は賞与を支払った日から5日以内に提出しなければなりません。

● 賞与の保険料は標準賞与額を基準とする

　賞与の保険料は毎月の保険料とは異なり、標準報酬のような金額ご

とに区分けして算出するしくみにはなっていません。事業主が支払う賞与についての健康保険料、厚生年金保険料は、賞与支払届から算出する標準賞与額（実際に支給された賞与額から1,000円未満の部分の金額を切り捨てた額で賞与が支給されるごとに決定される）に保険料率を乗じて算出した額になります。標準賞与額には上限が決められていて、健康保険については年（4月1日から翌年3月31日まで）573万円、厚生年金保険については、1回150万円が上限となっています。

　賞与にかかる社会保険料を計算するための保険料率は、月々の給料から差し引く社会保険料を計算するときの保険料率と同様です。保険料は、事業主と被保険者が折半で負担します。

■ 社会保険で報酬（給与）とされているものの範囲 ……………

報酬の定義	事業に使用される者が労働の対償として受ける賃金、給料、俸給、手当または賞与およびこれに準ずるものをいい、臨時的なものや3か月を超える期間ごとに受けるものを除いたもの	
	報酬となるもの	報酬とならないもの
具体例 — 金銭での給付	・基本給、家族手当、勤務地手当、通勤手当、時間外手当、宿直・日直手当、住宅手当、精勤・皆勤手当、物価手当、役職手当、職階手当、休業手当、生産手当、食事手当、技術手当など ・年4回以上支給の賞与	・結婚祝金、慶弔金、病気見舞金、慰労金、解雇予告手当、退職金 ・事業主以外から受ける年金、傷病手当金、休業補償、出産手当金、内職収入、家賃・地代収入、預金利子、株主配当金など ・大入り袋、社内行事の賞金、出張旅費、功労金など ・年3回までの範囲で支給される賞与、決算手当、期末手当
現物での給付	・食事の手当（都道府県別の現物給与の標準価格による） ・住宅の供与（都道府県別の現物給与の標準価格による） ・通勤定期券、回数券	・制服・作業着 ・見舞金、記念的賞品など ・生産施設の一部である住居など

報酬月額算定の特例

● 保険者が報酬月額を算定することもある

定時決定または資格取得時決定によって報酬月額を算定することが困難であるときは、保険者（政府または健康保険組合）が報酬月額を決定する（保険者算定）ことになっています。定時決定、資格取得時決定、随時改定によって算定した額が著しく不当な場合にも保険者算定によります。

「算定することが困難であるとき」とは、定時決定において、4～6月の3か月のいずれの月の報酬支払基礎日数も17日未満であった場合です。また、「額が著しく不当な場合」として、定時決定の場合であれば、次ページ図のように5つのケースがあります。

● 特殊な場合の標準報酬はどうやって決めるのか

産前産後休業や育児休業の終了後、家庭を優先し、勤務日数や勤務時間を短縮したり、時間外労働を制限する従業員もいるようです。こういった場合、復職前よりも給与が減ってしまいます。しかし、報酬支払基礎日数が17日以上必要となる定時決定では改定が行われず、高いままの保険料を負担し続けることになります。

そういった事情を考慮して、従業員が産前産後休業や育児休業により復職した場合の保険料は、定時決定の条件に該当しなくても、保険料を改定することが可能です。具体的には、休業終了日の翌日が属する月以後3か月間に受けた報酬の平均額に基づいて、4か月目の標準報酬月額から改定が行われます。

● 任意継続被保険者の保険料はどうするのか

　会社などの事業所を退職すると健康保険の被保険者の資格を失います。しかし、資格喪失の前日まで被保険者期間が継続して2か月以上ある者であれば、退職後も引き続き2年間健康保険の被保険者でいることができます。これを任意継続被保険者といいます。在職中の被保険者の場合、保険料は被保険者と会社が折半して負担しますが、任意継続被保険者の場合の保険料は全額自己負担することになります。このため、保険料は在職中の倍額になります。全国健康保険協会では任意継続被保険者の保険料は退職時の標準報酬月額と標準報酬月額の平均額とのいずれか低いほうの額に保険料率を掛けた額となります。健康保険組合はそれぞれの組合の定めによります。

　また、厚生年金保険の高齢任意加入制度を利用している70歳以上の高齢任意加入被保険者（適用事業所の場合）については、事業主がこれまで通りの保険料を半額負担することに同意した場合には保険料の半額を負担すればよいのですが、事業主が同意しない場合には高齢任意加入制度を利用する高齢者が保険料を全額自己負担しなければなりません。

■ 著しく不当な場合にあたるケース ……………………………

①	4～6月のいずれかの月に3月以前の給料をさかのぼってもらった場合のように通常受けるべき給料（報酬）以外の報酬を受けた場合
②	4～6月のいずれかの月に通常受ける報酬の額と比較して低額の休職給を受けた場合
③	4～6月のいずれかの月にストライキによる賃金カットがあった場合
④	4～6月給与から算出した標準報酬月額と前年7月以降1年間の給与から算出した標準報酬月額とで2等級以上差があり、それが例年続くと見込まれる場合
⑤	月の途中で入社した場合など、4～6月のいずれかに1か月分の報酬を受けることができなかった月がある場合

5 毎月の給与計算事務

● 毎月の給与計算事務とは

　毎月の給与計算事務とは、「給与明細書の作成」「給与の支給」「社会保険料や源泉所得税などの納付」という一連の業務をいいます。給与計算事務処理の注意点は以下のとおりです。

① 従業員の人事情報の確認

　あらかじめ、従業員の採用、退職、結婚、出産、転居、死亡、などの人事情報を確認し、データに漏れのないようにします。

② 各従業員の1か月の勤務時間数の算出

　給与の締切日に出勤簿またはタイムカードを回収し、各従業員の1か月の勤務時間数を算出します。

③ 給与の総支給額の計算

　各従業員について、基本給などの固定的な給与、残業手当など変動する給与を計算して総支給額を決定します。

④ 控除額の計算

　各従業員の社会保険料、源泉所得税、住民税などを計算します。

⑤ 差引き支給額の決定

　③の給与総額から④の控除額を差し引いて、各従業員の差引き支給額を決定します。

⑥ 給与明細書の作成

　以上の作業から、給与明細の主要項目である支給項目、控除項目、勤怠項目の3つが決定するため、給与明細書を作成します。

⑦ 差引支給額の支給

　所定の給与支給日に、各従業員の差引支給額を支給します。口座振込の場合でも、給与明細書は各自に手渡しましょう。

⑧　賃金台帳への記載

　各従業員の給与の支給総額と控除額は賃金台帳に月ごとに記録しておく必要があります。

⑨　社会保険料・雇用保険料の徴収・納付

　社会保険料は、給与から控除した従業員負担分の保険料に事業主負担分の保険料を合わせて毎月末までに前月分を納付します。納入告知書が郵送されてきますので、それに記載された金額をその月の末日までに納付することになります。

　雇用保険料については、年度更新により精算する手続きを毎年繰り返すため、毎月の給与計算では従業員の雇用保険料負担分を給与から控除することになります。

⑩　税金の納付

　源泉徴収した当月分の所得税を原則として翌月10日までに納付します。納付方法は、税務署から送られてくるまたは配布される源泉所得税の納付書に必要事項を記入し、金融機関で納めます。住民税についても同様です。各市町村から送付される納付書によって、当月分を原則として翌月10日までに金融機関で納付します。

■ 毎月の事務のまとめ ……………………………………………

1	人事情報の確認	採用、退職、結婚、出産、転居、死亡などを確認
2	勤務時間数の算出	締切日に出勤簿またはタイムカードで勤務時間数を算出
3	給与の計算	基本給(固定)＋諸手当(変動)で総支給額を決定
4	控除額の計算	社会保険料、源泉所得税、住民税を計算
5	差引き支給額の決定	各従業員の支給額(手取り)を決定
6	給与明細書の作成	支給項目、控除項目、勤怠項目を記入
7	差引支給額の支給	口座振込の場合も給与明細書は手渡し
8	賃金台帳への記載	支給総額と控除額は毎月記録
9	社会保険料・雇用保険料	事業主負担分とあわせて期日までに納付
10	税金の納付	翌月10日までに納付

書式　賃金台帳

雇　入　年　月　日	所　属	職　　名
令和○年○月○日　雇入	総務部	経理課長

<table>
<tr><td colspan="2">賃 金 計 算 期 間</td><td>1月分</td><td>2月分</td><td>3月分</td><td>4月分</td><td>5月分</td><td>6月分</td><td>7月</td></tr>
<tr><td colspan="2">労 働 日 数</td><td>20日</td><td>21日</td><td>19日</td><td>22日</td><td>20日</td><td>日</td><td></td></tr>
<tr><td colspan="2">労 働 時 間 数</td><td>160</td><td>168</td><td>152</td><td>176</td><td>160</td><td></td><td></td></tr>
<tr><td colspan="2">休 日 労 働 時 間 数</td><td></td><td></td><td>8</td><td></td><td></td><td></td><td></td></tr>
<tr><td colspan="2">早 出 残 業 時 間 数</td><td>22</td><td>25</td><td>31</td><td>18</td><td>24</td><td></td><td></td></tr>
<tr><td colspan="2">深 夜 労 働 時 間 数</td><td></td><td></td><td>3</td><td></td><td></td><td></td><td></td></tr>
<tr><td colspan="2">基 本 給</td><td>200,000円</td><td>200,000円</td><td>200,000円</td><td>205,000円</td><td>205,000円</td><td></td><td></td></tr>
<tr><td colspan="2">所定時間外割増賃金</td><td>38,672</td><td>43,945</td><td>76,008</td><td>32,343</td><td>43,125</td><td></td><td></td></tr>
<tr><td rowspan="7">手
当</td><td>職 務 手 当</td><td>10,000</td><td>10,000</td><td>10,000</td><td>10,000</td><td>10,000</td><td></td><td></td></tr>
<tr><td>役 職 手 当</td><td>5,000</td><td>5,000</td><td>5,000</td><td>5,000</td><td>5,000</td><td></td><td></td></tr>
<tr><td>住 宅 手 当</td><td>20,000</td><td>20,000</td><td>20,000</td><td>20,000</td><td>20,000</td><td></td><td></td></tr>
<tr><td>家 族 手 当</td><td>15,000</td><td>15,000</td><td>15,000</td><td>15,000</td><td>15,000</td><td></td><td></td></tr>
<tr><td>精 皆 勤 手 当</td><td>10,000</td><td>10,000</td><td>10,000</td><td>10,000</td><td>10,000</td><td></td><td></td></tr>
<tr><td>通 勤 手 当</td><td>12,000</td><td>12,000</td><td>12,000</td><td>12,000</td><td>12,000</td><td></td><td></td></tr>
<tr><td>手 当</td><td></td><td></td><td></td><td></td><td></td><td></td><td></td></tr>
<tr><td colspan="2">小 計</td><td>310,672</td><td>315,945</td><td>348,008</td><td>309,343</td><td>320,125</td><td></td><td></td></tr>
<tr><td colspan="2">そ の 他 の 給 与</td><td></td><td></td><td></td><td></td><td></td><td></td><td></td></tr>
<tr><td colspan="2">合 計</td><td>310,672</td><td>315,945</td><td>348,008</td><td>309,343</td><td>320,125</td><td></td><td></td></tr>
<tr><td rowspan="7">控
除
額</td><td>健 康 保 険 料</td><td>15,000</td><td>15,000</td><td>15,000</td><td>15,000</td><td>15,000</td><td></td><td></td></tr>
<tr><td>厚生年金保険料</td><td>27,450</td><td>27,450</td><td>27,450</td><td>27,450</td><td>27,450</td><td></td><td></td></tr>
<tr><td>雇 用 保 険 料</td><td>1,864</td><td>1,896</td><td>2,088</td><td>1,856</td><td>1,921</td><td></td><td></td></tr>
<tr><td>介 護 保 険 料</td><td></td><td></td><td></td><td></td><td></td><td></td><td></td></tr>
<tr><td>所 得 税</td><td>6,750</td><td>6,850</td><td>8,040</td><td>6,640</td><td>7,070</td><td></td><td></td></tr>
<tr><td>住 民 税</td><td>10,000</td><td>10,000</td><td>10,000</td><td>10,000</td><td>10,000</td><td></td><td></td></tr>
<tr><td></td><td></td><td></td><td></td><td></td><td></td><td></td><td></td></tr>
<tr><td colspan="2">控 除 額 計</td><td>61,064</td><td>61,196</td><td>62,578</td><td>60,946</td><td>61,441</td><td></td><td></td></tr>
<tr><td colspan="2">差 引 合 計 額</td><td>249,608</td><td>254,749</td><td>285,430</td><td>248,397</td><td>258,684</td><td></td><td></td></tr>
<tr><td colspan="2">実 物 給 与</td><td></td><td></td><td></td><td></td><td></td><td></td><td></td></tr>
<tr><td colspan="2">差 引 支 給 額</td><td>249,608</td><td>254,749</td><td>285,430</td><td>248,397</td><td>258,684</td><td></td><td></td></tr>
<tr><td colspan="2">領 収 者 印</td><td>佐藤</td><td>佐藤</td><td>佐藤</td><td>佐藤</td><td>佐藤</td><td>印</td><td>印</td></tr>
</table>

その月の勤怠状況

その月の支給額の内訳と合計

その月の控除額の内訳と合計

手取額

└── 現金支給している場合は本人に領収印をもらう

46

6 給与計算の年間事務の流れ

● 給与計算事務の年間スケジュール

　給与計算に関係する事務処理は毎月行うものばかりではありません。ボーナス（賞与）のように年2～3回の事務（計算）処理を行うものや年末調整のように年1回だけ事務処理を行うものもあります。そこで、暦に従って給与計算に関係する年間の事務を覚えておくことは毎月の事務処理と同様に大切なことです。

　なお、一般的に会社などの事業所が新たに従業員（新入社員）を雇うのは、年度初めである4月です。そのため、給与計算の事務処理の年間スケジュールを覚える上では、4月1日～翌年3月31日までの1年間を一保険年度として、事務処理を見ていくようにします。

● 年度始め（4～6月）の事務

　従業員を新たに雇ったときは、その従業員の給与から控除する社会保険（健康保険と厚生年金保険）の保険料の額を決めるための事務手続きが必要になります。一度決まった社会保険の保険料は、原則として次の定時決定のときまで使用します。入社時に行う資格取得時決定は、入社時に1回だけ行う事務処理ということになります。事業主が従業員から預かった社会保険の保険料は国（政府）などに納めることになります。

　一方、雇用保険の保険料は、従業員の給与（賞与も含む）の額によって、控除する額が毎月変わります。そこで、雇用保険の保険料は社会保険の保険料と異なり、給与支給の都度計算して控除します。

　さらに、従業員の毎月の給与から控除するものに所得税（源泉所得税）と住民税があります。所得税は給与の額によって控除する額が異

なります。これに対して、住民税は従業員の前年の所得に基づいて市区町村で計算し、毎月（毎年6月〜翌年5月の分）の控除額が決定されます。住民税は毎月定額（1回目だけは端数処理の関係で多少多くなる場合があります）を控除します。事業主の側で預かった源泉所得税と住民税は、毎月（所得税は事業所によっては年2回の納付）、国または地方公共団体に納付することになります。

● 7〜9月の給与計算関連事務

　従業員の給与から労働保険・社会保険の保険料と税金を徴収する事務は給与計算のつど毎月行うことになります。また、従業員から預かった社会保険料や税金を各機関に納付する事務も原則として毎月行います。

　社会保険の保険料は、4〜6月の給与について、7月1日〜10日までに、年金事務所に届出をし、年金事務所ではこの届出をもとに従業員の給与から控除する社会保険料の額を決定します（定時決定）。新たに決定された社会保険料は、原則としてその年の9月分（10月納付分）から翌年の8月分（9月納付分）までの1年間使用することになります。

　事業主が従業員から預かった雇用保険料については、事業主負担分の雇用保険料と労災保険料（全額事業主負担）をまとめて毎年一定の期限までに国に納めます（1年分の保険料を前払いで支払います）。この手続きのことを年度更新といいます。労働保険の保険料は、3回に分割して納めることができます（延納といいます）が、その第1回の納付期限は毎年7月10日になります。民間の事業所では一般的慣行として毎年7月（または6月）と12月に賞与が支給されていることが多いようです。そのため、7〜9月の給与計算事務として、賞与の計算と賞与支払届の提出など、支給事務を行うことになります。賞与における保険料と税金の控除については、毎月の給与計算処理と少し異

なりますので注意が必要です。また、賞与支払届は、社会保険（健康保険と厚生年金保険）料を決定するために、賞与の支給額などを記載し、支給から5日以内に年金事務所に提出する必要があります。

● 10 ～ 12月の給与計算関連事務

10月は4～6月に支払った報酬を基に、新たに決定された社会保険料の額を控除し始める月です（9月分の給与を10月に支給する場合）。

10月からは9月まで従業員の給与から控除していた額と異なる額の社会保険料（健康保険と厚生年金保険の保険料）を控除することになりますので、パソコンなどで給与計算事務の処理を行っている事業所については、システムの更新が必要になります。手計算の場合も控除する社会保険料の額が変わることを忘れないようにしましょう。また、10～12月については、4～9月の各月と同じように毎月の給与計算事務と12月の賞与の計算事務があるため、それぞれの関係の役所に社会保険料や税金を納付する事務もあります。

10～12月の時期でもっとも複雑な事務は年末調整です。年末調整とは、概算で納付している所得税額について1年間のすべての給与と賞与が支給された後に個人的事情にあわせて精算する手続きのことです。会社としては従業員から受け取った「扶養控除等（異動）申告書」「給与所得者の保険料控除申告書」などの書類に基づいて、計算処理を行います。

■ 給与・社会保険・税金関係のおもな年間事務 ⋯⋯⋯⋯⋯⋯

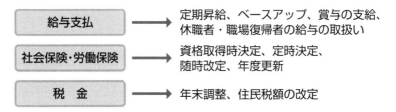

給与支払	→	定期昇給、ベースアップ、賞与の支給、休職者・職場復帰者の給与の取扱い
社会保険・労働保険	→	資格取得時決定、定時決定、随時改定、年度更新
税　金	→	年末調整、住民税額の改定

● 1～3月の給与計算関連事務

　毎月行う給与計算事務などについては、他の月と同様に行います。年末調整で従業員の1年間の税金が確定しましたので、従業員一人ひとりの源泉徴収票を作成して本人に渡すことになります。計算された所得税の過不足を調整します。12月に行うことも可能です。その他、給与支払報告書の市区町村への送付、法定調書の作成といった事務も1月中に行うことになります。

■ 給与計算事務の年間スケジュール ……………………………………

月	毎月の事務	重　要　事　務
4月	給与計算	新入社員に関する手続き、健康・介護保険料率の改定
5月	給与計算	
6月	給与計算	住民税の額の改定
7月	給与計算	賞与の計算、算定基礎届の提出、年度更新と労働保険料納付（第1期）
8月	給与計算	
9月	給与計算	
10月	給与計算	定時決定に基づく社会保険料の改定、労働保険料を延納する場合の納期（第2期）
11月	給与計算	
12月	給与計算	賞与の計算、年末調整
1月	給与計算	労働保険料を延納する場合の納期（第3期）、給与支払報告書事務、法定調書作成
2月	給与計算	
3月	給与計算	賞与の計算（※）

（※）決算期などに賞与が支給される事業所もある

給与からの控除額の計算をする

● 法定控除とは

　給与の総支給額が集計されたところで、次に税金や社会保険料などを控除することになります。給与明細書の控除項目は、「法定控除」と「法定外控除」の2つに分けられます。

　まず、「法定控除」とは、社会保険料や税金など、法律で天引きすることが認められている控除です。

①　社会保険料

　「健康保険料」「介護保険料」「厚生年金保険料」が該当します。これらの社会保険料は、標準報酬月額に保険料率を乗じた額を月額保険料とします。負担は、会社（事業主）と従業員（被保険者）の折半です。いったん標準報酬月額が決定すると、定時決定、随時改定によって変更されない限り、毎月支給される給与額が変動しても、控除額は変わりません。産前産後休業、育児休業を除く長期の欠勤によって給与の支払いがない場合でも、同額の保険料が発生します。

②　雇用保険料

　従業員（被保険者）が負担する雇用保険料は、賃金を支払う都度、その賃金額に被保険者負担率を乗じて計算します。健康保険や厚生年金保険の保険料と異なり、雇用保険は毎月の給与の支給総額に基づいて保険料を決定します。給与の支給総額が毎月わずかでも増減すれば、保険料額も変動することになります。

③　所得税

　所得税の額は、「源泉徴収税額表」を使用して求めます。まず、従業員について税額表の横軸「甲欄」「乙欄」と「丙欄」のいずれが適用されるのかを判定します。通常は税額表の「甲欄」を適用しますが、

従業員から「扶養控除等（異動）申告書」が提出されていない場合には「乙欄」、日雇労働者・短期雇用アルバイトについては「丙欄」を適用することになります。次に、従業員の課税給与額（通勤手当のような非課税給与を除く）から社会保険料や雇用保険料を控除した金額を税額表の縦軸「社会保険料等控除後の給与等の金額」の区分にあてはめて、該当する税額を算出します。「甲欄」の場合は、「扶養親族等の数」によっても税額が違ってくるので注意が必要です。

④ 住民税

住民税（市町村民税＋都道府県民税）には、特別徴収と普通徴収の2種類があり、会社などの事業所で源泉控除するのは特別徴収です。

◉ 法定外控除とは

一方、「法定外控除」は、社宅・寮費、親睦会費、財形貯蓄（勤労者の貯蓄や住宅購入などの財産形成を促進するために、勤労者が事業主の協力を得て賃金から一定の金額の天引きを行う制度）、貸付金の返済など、法定控除以外のものです。控除は勝手に行うことはできず、労働基準法の規定によって、従業員の代表と使用者が労使協定（賃金控除に関する協定書）を締結する必要があります。

■ 法定控除と協定控除 ·····························

| 総支給額 | － | 控除額 | ＝ | 手取額 |

⬇

法定控除と協定控除がある

法定控除：社会保険料、雇用保険料、所得税、住民税
法定外控除：労使協定で定めた社宅・寮費、親睦会費、財形貯蓄、貸付金の返済など

8 賞与について知っておこう

● 賞与はどのような性質のものなのか

賞与とは、毎月1回以上支払われる賃金とは別に、会社の利益還元や業務成績への報償などの目的で支給される一時金のことです。法令上は、賞与の支給が会社に義務付けられているわけではありません。

もっとも、賞与を支給する会社では、就業規則、労働協約、労働契約などに、賞与の支給条件や支給時期、計算方法についての規定を置きます。このような規定がある場合、会社として労働者に賞与を支給することが労働契約の内容となるため、会社は、このような規定に基づいて、労働者に賞与を支給する義務が生じます。特に就業規則で賞与の規定を置く場合、支給条件などは会社が自由に決定できます。賞与の支給額は、会社の業績によって変動することが多いようです。

これに対し、就業規則などに賞与の定めがない場合には、会社として労働者に賞与を支給することが労働契約の内容となっておらず、会社は、労働者に賞与を支給する義務を負いません。

● 締切日から支給日までの間に退職した労働者の取扱い

賞与については、査定対象期間の締切日が過ぎてから、支給条件に該当するのかを査定したり、支給額を決めたりする必要があり、賞与の支給日は締切日より少し後になります。

そこで、締切日から支給日までの間に退職した（解雇の場合も含む）労働者に対する賞与の支給の要否が問題となりますが、この問題については、就業規則などの規定の仕方によって決まります。

たとえば、「賞与は査定対象期間の在籍者に支給する」との規定があれば、上記の労働者への支給が必要です。査定対象期間には在職し

ていたからです。しかし、「賞与は支給日の在籍者に支給する」との
規定があれば、上記の労働者への賞与の支給は不要です。ただ、会社
の慣行として過去に退職者に支給した例がある場合には、賞与を支給
する必要が生じる可能性はあります。

● 支給対象者をどのように決めればよいのか

あらかじめ就業規則などに「冬季賞与は○月○日から○月○日まで
を、夏季賞与は○月○日から○月○日までを査定の対象とする」など
というように査定対象期間を定めておきます。その上で、査定対象期
間中の勤務成績や出勤率などを査定し、賞与額を決めます。賞与の支
給対象者は、会社によって異なります。査定対象期間のうち8割以上
出勤した労働者のみを支給対象者とする会社もあります。

■ 退職者への賞与の支給の有無 ……………………………………

査定対象期間
Ⓐ評価
退職　Ⓑ賞与支給日

※賞与の支給対象はどのタイミング（ⒶまたはⒷ）で在籍している
　労働者とするか、明確に就業規則などで定めておく必要がある

9 賞与額を計算してみる

◉ 賞与の額を計算する

具体的な計算例を挙げて、賞与の計算方法を見ていきましょう。

〈 設例：サービス業の会社の現場で働くQさん（42歳）の場合 〉
賞与の支給額：500,000円
前月の社会保険料控除後の給与の額：324,895円
Qさんの扶養親族等の数：2人（扶養控除等申告書提出済み）

以上がQさん（42歳）に支給される賞与の計算上必要なデータです。この場合の賞与から控除される社会保険・源泉所得税の金額と実際にQさんが受け取ることになる金額を計算してみます。

手順1　健康保険と厚生年金保険の額を算出する

最初に賞与額から控除する健康保険と厚生年金保険の額を計算します。Qさんは42歳ですから、40歳以上の被保険者が負担する介護保険の保険料も徴収することになります。健康保険料率は加入する健保組合によってそれぞれ異なっていますが、ここではQさんが全国健康保険協会（協会けんぽ）東京支部に加入していると仮定して説明しましょう。協会けんぽ東京支部では介護保険第2号被保険者に該当する人の健康保険料の被保険者負担割合は1000分の59.10（令和5年3月分から）ですから、Qさんは29,550円の保険料を負担することになります。

500,000円×59.10／1,000＝29,550円

同様に厚生年金保険料の額を求めます。厚生年金保険料率は平成29年9月分からは1000分の183.00ですが、健康保険と同様に労使で半分

ずつ負担するので、Ｑさんの負担率は1000分の91.5となります。したがって賞与の額に1000分の91.5を掛けて算出した金額が被保険者負担分となります。

500,000円×91.5／1000＝45,750円

手順2　雇用保険の保険料を算出する

次に賞与から控除する雇用保険の保険料を求めます。雇用保険料率は業種によって違いがありますが、令和5年度のサービス業（一般の事業に含む）についての雇用保険率（被保険者負担分）は1000分の6ですから、500,000円に1000分の6を掛けて雇用保険料の被保険者負担分を算出します。

500,000円×6／1000＝3,000円

手順3　源泉所得税の額を算出する

賞与から控除する社会保険料の金額を算出した後に、源泉所得税の金額を求めます。源泉所得税は、総支給額から社会保険料を控除した後の金額を基準として、税額を計算します。

500,000円－29,550円－45,750円－3,000円＝421,700円

Ｑさんの扶養親族は2人ですから、賞与にかかる源泉徴収税額を算定する資料である「賞与に対する源泉徴収税額の算出率の表（令和5年分）」の扶養親族等の数2人の列を確認し、前月の社会保険料控除後の給与の金額である324,895円があてはまるところを探します。「312千円以上369千円未満」がこれに該当しますので、社会保険料などの控除後の賞与の金額に乗ずる金額は6.126％ということになります。

421,700円×6.126％＝25,833円（端数切り捨て）

手順4　実際の支給額を計算する

控除項目がすべて算出できたので、整理してみましょう。控除項目

は、健康保険料29,550円、厚生年金保険料45,750円、雇用保険料3,000円、源泉所得税25,833円、控除額合計は104,133円になります。

　Qさんに実際に支給される賞与額（手取額）は、500,000円−104,133円＝395,867円（下図明細参照）ということになります。なお、住民税は賞与からは控除しません。

● 月額表を使って源泉徴収税額を求めるケースもある

　通常、賞与から控除する源泉徴収税額を計算するときは、賞与に対する源泉徴収税額の算出率の表を使用します。しかし、次の2つのケースに限っては、給与所得の源泉徴収税額表（月額表）を使って徴収税額を計算します。

・前月の給与の額の10倍を超える賞与が支給されるとき
・前月の給与の支払いがない者に賞与を支払うとき

　事例のQさんの場合、冒頭の設例に示したように、Qさんは前月にも給与の支払いがあり、賞与の額もその10倍を超えていないので、これにはあてはまりません。

■ Qさんの賞与明細書 ・・・・・・・・・・・・・・・・・・・・・・・・・・・・・・・

賞与明細書		令和○ 年夏季賞与		所属	○○	社員No	14	氏 名		Q　殿	

支給	基本給										総支給額
	500,000										
											500,000

控除	健康保険料	厚生年金料	雇用保険料		社保料合計	課税対象額	所得税				控除額合計
	29,550	45,750	3,000		78,300	421,700	25,833				
											104,133

	差引支給額	端数調整額	銀行振込	現金支給額
	395,867		395,867	

⑩ 社会保険の各種手続き

● 採用したら5日以内に手続きをする必要がある

　会社などの事業所で新たに労働者を採用した場合、採用日から5日以内に「被保険者資格取得届」を年金事務所に提出しなければなりません。たとえば、4月1日の採用（入社）であれば、資格取得届は4月5日までに提出する必要があります（当日起算）。たとえ試用期間中であっても、採用（試用）開始時点で資格取得の手続きを行わなければなりません。その労働者に被扶養者がいる場合は、資格取得届と同時に「被扶養者（異動）届」も提出します。

● 労働者が退職したときの手続きも5日以内

　労働者が退職した場合、退職日の翌日から数えて5日以内に「被保険者資格喪失届」を年金事務所に提出します。添付書類としては、健康保険被保険者証が必要になります。たとえば、3月31日付けで退職したのであれば、4月5日までに喪失届を提出する必要があります。なお、社会保険の資格を喪失する日は退職日の翌日になります。

● 再雇用で給料が下がった場合の特例がある

　定年後にその者を再び雇用する制度（再雇用制度）を実施している会社もあります。再雇用制度を実施した場合には、給料が定年前の給料より低い水準に変更されることもあります。

　ところが、随時改定（38ページ）を行ったとしても、随時改定は、継続した3か月の報酬を基にして4か月目から標準報酬を改定するので、改定された標準報酬が実際の給与に反映されるのは、賃金を改定した月から5か月目ということになります。被保険者にしてみれば、再雇用後、

給料が下がったにもかかわらず、変更されるまでの間、定年前の水準の
まま保険料を徴収されるのでは経済的にも負担が大きくなってしまいます。

そこで、定年退職後の再雇用時の特例として、被保険者の資格の喪
失と取得を同時（同日）に行うことが認められています（この手続を同
日得喪といいます）。同日得喪ができる者は、60歳以上の人が対象です。
この特例は、正社員に限らず、パートタイマーなどにも適用されます。

◉ 資格喪失届と資格取得届を同時に提出する

同日得喪とする場合、定年退職日の翌日を資格喪失日とする資格喪
失届と、それと同じ日を資格取得日とする資格取得届を同時に保険者
に提出します。退職日がわかる書類や再雇用後の雇用契約書などを添
付します。これにより、再雇用後の月分の保険料は、再雇用後の給料
額をもとにして決定された標準報酬月額によって算出されます。

◉ 産前産後休業、育児休業期間中は保険料が免除される

産前産後休業や育児休業期間中は、会社からの給与が支給されない
のが一般的です。その分の給与補てんとして、健康保険や雇用保険か
ら一定の条件であれば手当金や給付金が支給されます。ただ、休業前
の給与全額が補てんされるわけではなく、労働者の経済的負担が大き

■ 社員を採用した場合の各種届出 ……………………………………

事　由	書類名	届出期限	提出先
社員を採用したとき （社会保険）	健康保険厚生年金保険 被保険者資格取得届	採用した日から ５日以内	所轄 年金事務所
採用した社員に 被扶養者がいるとき （社会保険）	健康保険被扶養者 （異動）届	資格取得届と 同時提出	
社員が退職したとき （社会保険）	健康保険厚生年金保険 被保険者資格喪失届	退職した日の 翌日から５日以内	

いことに変わりはありません。そこで、保険者に届出を行うことで社会保険料を免除する制度があります。産前産後休業、育児休業のそれぞれ休業開始月から終了予定日の翌日の月の前月までは、給料の支給の有無に関係なく、本人負担分と事業主負担分の社会保険料が免除されます。

　保険料の免除を受けるためには、年金事務所にそれぞれの休業に対して「産前産後休業取得者申出書」「育児休業等取得者申出書」を事業所経由で提出します。免除されている期間は、将来、年金額を計算する際、保険料を納めた期間として扱われるので、厚生年金等の給付で不利益になることはありません。

● 労働者や家族の異動があったら必要な届出をする

　被保険者や被扶養者に異動があったときは、異動内容によってそれぞれ届出をしなければなりません（下図参照）。

■ 労働者や家族に異動があったときに提出する届出 ……………

異動内容	届出書類	提出期限
結婚して氏名が変わったとき（※）	健康保険厚生年金保険被保険者氏名変更(訂正)届	すみやかに
結婚して配偶者を扶養するとき	健康保険被扶養者(異動)届	扶養することになった日から5日以内
被保険者の住所が変わったとき（※）	健康保険厚生年金保険被保険者住所変更届	すみやかに
子が生まれたとき	健康保険被扶養者(異動)届	出生してから5日以内
	健康保険出産育児一時金支給申請書	出産から2年以内
	健康保険出産手当金支給申請書	すみやかに（時効は2年）
被扶養者が就職したとき	健康保険被扶養者(異動)届	扶養しなくなった日から5日以内
家族の退職などで被扶養者が増えたとき	健康保険被扶養者(異動)届	扶養することになった日から5日以内

※マイナンバーが登録されている場合は届出不要。

11 会社や従業員の変更に関する社会保険関係の事務

● 事業所の名称や住所を変更する場合の届出

事業所の変更（事業所の名称を変更する場合や事業所を移転する場合など）や、事業主の変更（事業主の氏名の変更や事業主の変更など）があった場合、その変更を、年金事務所などに届け出なければなりません。

・社会保険関係の手続き

前述した事業所の変更や事業主の変更があった場合、その変更を、年金事務所などに届け出なければなりません。

名称を変更した事業所、同一の年金事務所の管轄内に移転する事業所は、管轄する年金事務所は変わりませんので、「健康保険・厚生年金保険適用事業所名称/所在地変更（訂正）届（管轄内)」を提出します。一方、今までの年金事務所の管轄の地域外へ移転する事業所は、「健康保険・厚生年金保険適用事業所名称/所在地変更（訂正）届（管轄外)」を提出します。いずれの場合も、従来の管轄年金事務所に提出しますが、変更のあった日から5日以内に届け出ます。

事業主の変更や事業主の氏名の変更など事業主に関する事項や、事業所に関する事項に変更があった場合には、変更があった日から5日以内に、管轄の年金事務所または健康保険組合に「健康保険・厚生年金保険事業所関係変更（訂正）届」を届け出ます。健康保険・厚生年金保険事業所関係変更（訂正）届が必要な届出は、前述した届出のほか、主に以下のものがあります。

・事業所の連絡先電話番号の変更

・「昇給月」「賞与支払予定月」または「現物給与の種類」の変更

・事業主代理人を選任（変更）、または解任したとき

・健康保険組合の名称に変更（訂正）があったとき
・会社法人等番号に変更（訂正）があったとき
・法人番号に変更（訂正）があったとき
・事業所の「法人」「個人」「国・地方公共団体」の区分に変更（訂正）があったとき
・本店、支店の区分に変更（訂正）があったとき

● 従業員の氏名や住所に変更があった場合の届出

従業員の氏名や住所に変更があった場合には、以下の届出をします。

・社会保険関係の届出

被保険者やその被扶養配偶者に住所変更があった場合に、事業主が、管轄の年金事務所に、すみやかに「健康保険・厚生年金保険被保険者住所変更届（国民年金第3号被保険者住所変更届）」を提出します。労働者が結婚した場合など、被保険者の氏名に変更があった場合には、事業主は、「健康保険・厚生年金保険被保険者氏名変更（訂正）届」を年金事務所にすみやかに提出します。ただし、マイナンバーと基礎年金番号が結びついている被保険者は、上記の届出は原則不要です。

■ 会社についてのおもな社会保険の変更手続き ·················

	変更内容	提出書類	提出先と期限
社会保険	事業所の名称、所在地変更	健康保険・厚生年金保険適用事業所名称/所在地変更（訂正）届（管轄内・管轄外）	管轄（管轄外の場合は変更前の管轄）年金事務所に、変更日から5日以内
	事業主の変更、事業所の電話番号の変更等	健康保険・厚生年金保険事業所関係変更（訂正）届	管轄年金事務所に、変更日から5日以内

第3章

健康保険のしくみ

健康保険とは

● 健康保険の給付内容の概要

健康保険は、被保険者と被扶養者がケガ・病気をした場合や死亡した場合、さらには出産した場合に必要な保険給付を行うことを目的としています。

健康保険を管理・監督するのは、全国健康保険協会または健康保険組合です。これを保険者といいます。これに対し、健康保険に加入する労働者を被保険者といいます。さらに、被保険者に扶養されている一定の親族などで、保険者に届け出た者を被扶養者といいます。健康保険の給付内容は、次ページの図のとおりです。業務上の災害や通勤災害については、労災保険が適用されますので、健康保険が適用されるのは、業務外の事故（災害）で負傷した場合に限られます。また、その負傷により会社を休んだ場合は、傷病手当金が支給され、休職による減額された給与の補てんが行われます。

● 健康保険は協会・健保組合が管理・監督する

保険者である全国健康保険協会と健康保険組合のそれぞれの事務処理の窓口について確認しておきましょう。

① 全国健康保険協会の場合

全国健康保険協会が保険者となっている場合の健康保険を全国健康保険協会管掌健康保険（協会けんぽ）といいます。保険者である協会は、被保険者の保険料を適用事業所ごとに徴収したり、被保険者や被扶養者に対して必要な社会保険給付を行ったりします。

窓口は全国健康保険協会の都道府県支部になります。しかし、現在では各都道府県の年金事務所の窓口でも申請書類等を預かってもらえます。

② 健康保険組合の場合

　健康保険組合が管掌する場合の健康保険を組合管掌健康保険といいます。組合管掌健康保険の場合、実務上の事務手続きの窓口は健康保険組合の事務所になります。組合管掌健康保険に加入している事業所は年金事務所に届出などを提出することができません。健康保険組合の保険給付には、健康保険法で必ず支給しなければならないと定められている法定給付と、法定給付に加えて健康保険組合が独自に給付する付加給付があります。

■ 健康保険の給付 ………………………………………………………

種　類	内　容
療養の給付	病院や診療所などで受診する、診察・手術・入院などの現物給付
療養費	療養の給付が困難な場合などに支給される現金給付
家族療養費	家族などの被扶養者が病気やケガをした場合に被保険者に支給される診察や治療代などの給付
入院時食事療養費	入院時に提供される食事に要した費用の給付
入院時生活療養費	入院する65歳以上の者の生活療養に要した費用の給付
保険外併用療養費	先進医療や特別の療養を受けた場合に支給される給付
（家族）訪問看護療養費	在宅で継続して療養を受ける状態にある者に対する給付
高額療養費	自己負担額が一定の基準額を超えた場合の給付
高額介護合算療養費	健康保険の一部負担額と介護保険の利用者負担額の合計額が一定の基準額を超えた場合の給付
（家族）移送費	病気やケガで移動が困難な患者を移動させた場合の費用給付
傷病手当金	業務外の病気やケガで働くことができなくなった場合の生活費
（家族）埋葬料	被保険者や被扶養者が業務外の事由で死亡した場合に支払われる給付
（家族）出産育児一時金	被保険者およびその被扶養者が出産をしたときに支給される一時金

❷ 被扶養者の範囲

◉ 扶養者も健康保険の給付を受けられる

　健康保険の被保険者が配偶者や子供などの家族を養っている場合、その家族のことを「養われている者」ということで、被扶養者と呼びます。健康保険では被保険者の被扶養者についても被保険者と同じように保険の給付を受けることができます。

　健康保険において被扶養者になる人は、おもに被保険者に生計を維持されている者です。生計を維持されているかどうかの判断のおおまかな基準は、被扶養者の年収が130万円未満（60歳以上の者と障害者については180万円未満）で、被保険者の年収の半分未満であるかどうかです。被保険者と被扶養者が一緒に暮らしていない場合は、被扶養者の年収が被保険者から仕送りしてもらっている額より少ないことも条件になります。たとえば、被保険者の子供が大学に通うために学校の近くにアパートを借りて住む場合などが考えられます。

　年収130万円が基準ですから、たとえば、パートタイマーとして働いている主婦（または主夫）に年収が150万円ほどある場合、勤め先で社会保険に加入していないとしても、夫（または妻）の被扶養者になることができません。

　被保険者の被扶養者となることができる親族については、あらかじめ範囲が決まっており、それ以外の者はたとえ現実に扶養されている場合であっても健康保険の被扶養者となることができません。

　なお、被扶養者には、①被保険者に生計を維持されていることだけが条件になる者と、②生計の維持と同居（同一世帯にあること）していることの2つが条件となる者の2通りがあります。

■ 健康保険の被扶養者の範囲 ·····························

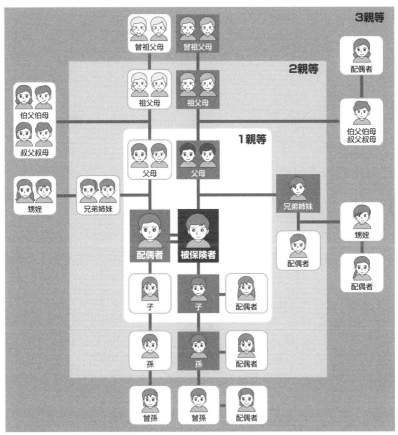

① 上図のうち、灰色部分の被保険者の直系尊族（父母や祖父母）、配偶者、子、孫、兄弟姉妹については、被保険者との間に「生計維持関係」があれば被扶養者として認められる

② 上図のうち、白色部分の被保険者の３親等以内の親族で①に挙げた者以外の者については、被保険者との間に「生計維持関係」と「同一世帯」があれば被扶養者として認められる

（注）配偶者には、内縁関係（事実婚関係）にある者も含む

Q 社会保険や税法上、扶養家族の認定は、どの時点を基準に行われるのでしょうか。

 A まず健康保険については、向こう1年間の収入が130万円以上になる見込みであれば、まだ収入はなくても扶養家族にはなれませんし、扶養家族にはなれないほどの月収があったとしても、向こう1年間の収入が130万円未満になる見込みであれば年の途中で扶養家族になることができます。

次に所得税ですが、毎月の源泉所得税額は「給与所得者の扶養控除等申告書」に記載された内容をもとに算定されます。最終的には年末調整や確定申告によって、社員の1年間の所得税額を算出します。その際、扶養控除はその年の12月31日現在において、要件に該当する場合に適用されることになります。つまり、健康保険の扶養家族は申請時点から向こう1年間の収入によって判断するのに対して、税法上の扶養家族は、その年の1月から12月の年収によって判断するわけです。

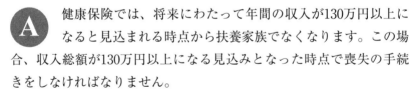 **Q** 被扶養者の年収が一時的に130万円を超えたのですが、このまま扶養家族として認められるのでしょうか。

A 健康保険では、将来にわたって年間の収入が130万円以上になると見込まれる時点から扶養家族でなくなります。この場合、収入総額が130万円以上になる見込みとなった時点で喪失の手続きをしなければなりません。

「将来にわたって」ということですから、一時的に年間の収入が130万円以上になった場合は、引き続き被扶養者として扱われます。つまり、相談のケースのように、年間の収入がたまたま130万円以上になってしまったが、翌年以降は、将来にわたって130万円未満であると見込まれる場合であれば、引き続き被扶養者に該当することになるわけです。

ただし、この被扶養者の認定についての判断は、個別の事例に対して年金事務所が行うものです。一般的な認定基準と考えてください。

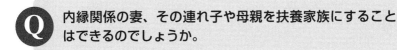

Q 内縁関係の妻、その連れ子や母親を扶養家族にすることはできるのでしょうか。

A 内縁関係ということであれば、健康保険の被扶養者となることは可能です。

　健康保険では、戸籍上の婚姻関係がなくても収入要件等を満たしていれば、被扶養者として認められます。お子さんについても、本人である被保険者と同一の世帯であり、主として生計を維持されていれば被扶養者となります。また、妻は国民年金についても、第3号被保険者となります。この第3号被保険者は国民年金保険料の負担がありません。

　手続に際しては、被保険者本人と内縁の妻の戸籍謄本または戸籍抄本、そして、お子様を含めた全員の住民票が必要となります。ただし、各自のマイナンバーを記載し、事業主が届書記載の続柄を確認した旨を記載すれば添付書類は省略できます。

　内縁の妻の母親についてですが、健康保険の被扶養者になれる家族の範囲は、①被保険者の収入により生計を維持していれば、同居でも別居でもよい者と、②被保険者に生計を維持されていて、かつ、同一世帯に属する者の2つに分けられます。内縁の妻の父母は、このうちの②に属します。奥さんのお母様を扶養とするには同居することが必要です。なお、扶養家族については、収入要件を満たすことを証明する添付書類が必要になります。扶養家族のうち所得税法の規定による控除対象配偶者または扶養親族となっている者は、事業主の証明があれば添付書類は不要です。

Q 共稼ぎの場合の子どもは夫婦どちらの扶養家族となるのでしょうか。

A 夫婦共稼ぎの場合、子どもは妻と夫のどちらか一方の被扶養者になります。その判断にはおもに次のような基準があります。

① 被扶養者となるべき者の人数に関係なく、原則として年間収入の多いほうが扶養者となる。

② 夫婦の年収の差額が年収の多いほうの1割以内である場合、主として生計を維持するほうの被扶養者とする。

③ 夫婦の両方または片方が共済組合の組合員で、被扶養者にかかる扶養手当などの支給が認定されている場合は、これらの手当を受けているほうの被扶養者として差し支えない。

なお、夫婦の年間年収については、過去の年収、現時点での年収、将来の収入などから、今後1年間の収入を見込んだものとなります。

Q 雇用保険（求職者給付）や遺族年金を受給する者を被扶養者とすることは可能でしょうか。

A 健康保険の被扶養者になるためには、60歳未満の者では年収130万円未満、60歳以上の者および一定の障害の状態にある者であれば年収180万円未満であって、かつ、同居している場合は被保険者の年間収入の2分の1未満であることが必要です。

雇用保険（求職者給付）を受給中の場合、年間ベースを日額ベースに換算して判断します。つまり、日額を3,611円（60歳以上は5,000円）として、これを超える基本手当日額の場合は、被扶養者の認定を受けられないことになります。もし、被扶養者の認定基準に該当しない場合は、早急に取消しの手続をしましょう。取消した期間は、健康保険の任意継続をするか国民健康保険に加入しなければなりません。また、

被扶養者ではないため、国民年金の第3号被保険者にも該当せず、第1号被保険者になる手続きが必要です。

遺族年金の受給権者についても同様の基準で判断します。たとえば、社員と同居している60歳以上の母親が年額150万円の遺族年金を受給している場合、社員の年収が母親の年金受給額の2倍を超える、つまり300万円を超えていれば、母親はその社員の被扶養者として認められることになります。

Q 被扶養者の届出日と実際の入籍日が違っていた場合、何らかの訂正届が必要だと思いますが、どのような手続をしなければならないのでしょうか。

A 被扶養者（異動）届の提出期限は5日以内とされています。法律上、具体的な認定日については規定がありませんので、5日までであればさかのぼって認定しますが、それ以降ですと、届出日が認定日とされているようです。

被扶養者となる健康保険法上の配偶者とは、事実婚、つまり内縁関係にある者も含まれています。そのため、婚姻の届出がなくても社会通念上、夫婦としての共同生活と認められる事実関係があれば認められます。

挙式がすでに行われており、単に入籍の届出が遅れただけのような場合、訂正届の必要はないでしょう。ただし、挙式も入籍も届出日から1週間以上遅れ、その間、共同生活の事実がないということであれば話は別です。もっとも、この場合も届出日と入籍日が同一月であるときには、現実的にみてさほど影響がないといえます。認定を行う年金事務所や健康保険組合の判断によるといえるでしょう。

Q 結婚する相手方に中学生の子どもがいるのですが、同居及び養子縁組をしていない再婚相手の連れ子も健康保険の扶養として扱ってよいのでしょうか。

A 同居していない子どもが被扶養者として認められるのは、被保険者の法律上の子（実子または養子）である場合です。質問のように、再婚相手の連れ子と養子縁組をしていない場合、法律的には、お子さんは被保険者本人の子どもには該当しないことになります。この場合、被扶養者として認定されるためには、同一世帯に属していることが要件となるため、今の状態では被扶養者とすることはできません。

　一方、養子縁組されれば、法律上の子となるため、実子と同様の扱いになります。つまり、別居していても被扶養者と認められます。この場合の手続きは、「被扶養者異動届」を提出する必要がありますが、その際、原則として続柄を確認するために「戸籍謄本（抄本）」を一緒に提出しなければなりません。また、お子様が16歳以上になっている場合であれば、「（非）課税証明書」を添付することも必要です。

Q 従業員の妻が英会話教室を主宰しているのですが、そのような従業員の妻も扶養扱いにしてよいのでしょうか。

A 奥様がどのような形で英会話教室をなさっているのか、詳細はわかりかねますが、単に教室の責任者兼講師として雇用されているのであれば単純に年収130万円未満が扶養の認定基準でかまわないでしょう。しかし、個人事業主として運営されているとなると、その事業に要した必要経費（税法上の必要経費とは異なります）の額を控除した金額を年間収入と考えることになります。具体的には、必要経費を差し引いた所得が130万円未満かどうかで判断することになります。

3 療養の給付

● 療養の給付は現物支給で、自己負担部分がある

　業務外の病気、ケガなどについて、病院や診療所などで診察を受けたり、手術を受けたり、入院するときに受けることができる給付です。また、保険薬局で薬を調剤してもらったときも給付を受けることができます。療養の給付は治療（行為）という現物により支給されます。

　しかし、治療費用のすべてが支給されるわけではなく、被保険者は診療を受けるごとに一部負担金を支払うことになります（76ページ）。一部負担金は、かかった医療費のうち、一定割合を負担します（定率負担）。

　なお、健康保険の療養の給付の範囲は次ページの図のようになっています。

● 保険医療機関とは保険が使える医療機関である

　私たちがふだんケガをしたり、病気になったりすると、保険証（健康保険被保険者証、令和5年8月現在はカード形式になっている）をもって病院などの医療機関に行きます。そして、その病院などの窓口に、持参した保険証を提示して、必要な治療を受け、薬をもらいます。このときかかった病院などの医療機関が保険医療機関です。保険医療機関には3種類あり、どの医療機関にかかるかは本人の自由ですが、すべての医療機関が保険医療機関であるわけではありません。

　また、保険医療機関には次の3つの種類があります。

① 保険医療機関または保険薬局

　厚生労働大臣の指定を受けた病院、医院、診療所、薬局などがあります。一般的に保険医療機関というと、この①のことを指します。

①の保険医療機関または保険薬局は、全国健康保険協会管掌、組合管掌を問わず、健康保険の被保険者およびその被扶養者が利用することができます。

　なお、①の保険医療機関で保険診療に従事する医師は厚生労働大臣の登録を受けた保険医でなければならないことになっています。保険薬局も保険調剤に従事する薬剤師は厚生労働大臣の登録を受けた薬剤師でなければなりません。

② **特定の保険者が管掌する被保険者のための病院、診療所または薬局で、保険者が指定したもの**

　健康保険組合が管掌する事業主の直営病院や会社内の診療所がこの②にあたります。

③ **健康保険組合が開設する病院、診療所または薬局**

　健康保険組合が設営した医療機関で、その組合が管掌する被保険者とその被扶養者だけを保険診療の対象とします。

■ 療養の給付の範囲 ………………………………………………

	範　囲	内　容
①	診察	診断を受けるための各種の行為
②	薬剤、治療材料の支給	投薬、注射、消耗品的な治療材料など
③	処置、手術　その他の治療	その他の治療とは、理学的療法、マッサージなど
④	居宅における療養上の管理とその療養に伴う世話その他の看護	寝たきりの状態にある人などに対する訪問診療、訪問看護
⑤	病院または診療所への入院とその療養に伴う世話その他の看護	入院のこと。入院中の看護の支給は入院診療に含まれる

※業務災害・通勤災害による病気やケガの治療、美容整形、一般的な健康診断、正常な妊娠、出産などは療養の給付の対象とはならない

療養費と一部負担金

● 療養費はやむを得ない場合の現金給付

　健康保険では、病気やケガなどの保険事故に対して、療養という形で現物給付するのが原則です。しかし、保険者が療養の給付が困難であると認めたときや、被保険者が保険医療機関・保険薬局以外の医療機関・薬局で診療や調剤を受けたことにつきやむを得ないと認められたときは、療養費として現金が給付されます。

● 療養費が支給されるケース

　おもに次のような場合が療養費の給付対象となります。

① 無医村などの場合

　近隣に保険医療機関が整備されていない地域において、緊急のために保険医療機関以外で診療などを受けた場合に、保険者がやむを得ないと認める場合に支給されます。

② 準医療行為

　骨折、脱臼、打撲、捻挫などで柔道整復師の施術を受けた場合に支給されます。ただ、柔道整復師が行う骨折、脱臼の治療については、応急手当の場合以外は医師の同意が必要です。

③ 治療用装具

　療養上必要な装具（コルセット、関節用装具など）を購入した場合に支給されます。

④ 事業主による資格取得届の未提出など

　事業主が健康保険の資格取得届の提出をしていることになっているにもかかわらず、保険医療機関で被保険者であることが証明できない場合や事業主が資格取得届を怠っている場合に支給されます。

● 一部は自己負担しなければならない

健康保険の被保険者やその被扶養者がケガや病気をして、病院や診療所などの医療機関等で保険診療として診察、治療などを受けた場合、かかった治療費などの一定の割合を自分で負担する必要があります。

療養の給付にかかった費用のうちのこの自己負担分を一部負担金といいます。一部負担金の割合は、①義務教育就学前の者：2割、②義務教育就学後〜70歳未満の者：3割、③70歳〜74歳：2割（現役並の所得がある者は3割）です。ただし、③については、平成26年（2014年）3月31日以前に70歳に達した者は特例措置として1割負担とされています。

●「現役並の所得」とはどの程度の所得を指すのか

上記③の「現役並みの所得がある者」とは、とは、会社員で協会けんぽや組合健保に加入している場合は標準報酬月額が28万円以上、自営業などで国民健康保険に加入している場合は住民税課税所得145万円以上です。ただし、年収が、70歳以上の被保険者のみの単身世帯は383万円未満、70歳以上の被扶養者がいる70歳以上の被保険者の世帯は520万円未満であれば、申請により非該当（現役並の所得にあたらない）とすることができ、70歳から74歳の一般所得者と同じ2割負担となります。

■ 医療費の自己負担割合 ……………………………………………………

義務教育就学前	2割
義務教育就学後〜69歳	3割
70〜74歳	2割（一定以上の所得者は3割）

Q 採用したばかりの社員が、業務外でケガをしたのですが、加入手続前の診療にも健康保険は使えるのでしょうか。

A 健康保険・厚生年金保険の被保険者資格の取得日は、事実上の使用関係の生じた日です。通常は入社日ということになります。ですから、年金事務所（または健康保険組合）に資格取得届を提出していない場合であっても、法律上は被保険者として扱われます。

　しかし、治療を行った保険医療機関としては、本人が被保険者証を持っていないということであれば、被保険者であるという確認ができません。通常、こうした場合は、現物給付としての「療養の給付」（病院の窓口で3割だけ本人が負担し、後は治療で給付）をすることが困難な場合として、現金給付の「療養費」を支給することになっています。

　具体的には、治療費としてかかった費用は本人がいったん、全額を支払い、後で全国健康保険協会の都道府県支部などに療養費の請求をして払い戻しを受けることになります。保険医療機関によっては、療養の給付を認めてくれるところもありますが、遅れると療養費の扱いになりますので、早めに手続をする必要があります。

Q 海外出張に行く社員がいますが、健康保険の適用についての注意点はありますか。

A まず、海外出張先で病気になったり、負傷して現地の医療機関で治療を受けた場合、日本国内の健康保険が適用されます。ただし、国内で医療機関にかかる場合と異なり、健康保険証が現地の医療機関でそのまま使用できるわけではありません。いったん、現地の医療機関で全額支払った後、日本で払い戻し（償還）手続を行うことになります。基本的には、海外出張中であっても健康保険の被保険者資格はそのまま継続するので、事前手続きは必要ありません。

具体的な手続ですが、治療を受けた現地の医療機関から診療内容明細書、領収明細書などをもらい、「海外療養費支給申請書」に添付して全国健康保険協会や健康保険組合に提出します。

　支給される額は、あくまでも日本国内の保険医療機関などにおいて、疾病や負傷などで給付される場合を標準として決定した金額（標準額）から被保険者の一部負担金相当額を控除した額です。支給決定日の為替レートにより日本円で支払われますが、現地で支払った全額が戻るわけではありません。医療費の高い欧米で受診した場合には、かなり差額が生じることもありますので、海外旅行保険に入るのが一般的です。

Q 無免許運転による事故の場合、健康保険が使えないと聞いたことがありますが、どうなのでしょうか。

A 健康保険は業務外の負傷や疾病に対して保険給付を行いますが、健康保険法116条では「自己の故意の犯罪行為により、又は故意に給付事由を生じさせたときは、当該給付事由に係る保険給付は行わない」としており、保険給付の制限があります。無免許運転は、道路交通法違反であり、故意の犯罪行為に該当します。

　しかし、無免許運転だから即、保険給付の制限が適用されるかといえば、そうではありません。それによって、給付事由である「負傷」が引き起こされたという、犯罪行為と保険事故との間に相当因果関係（ある行為から結果が発生することがもっともだといえる関係）が認められる必要があります。事案ごとに保険給付の制限に該当するか否か、保険者が判断することになります。

5 保険外併用療養費

● 保険診療との併用がある場合に行われる給付

　健康保険では、保険が適用されない保険外診療があると、保険が適用される診療も含めて医療費の全額が自己負担となるしくみとなっています（混合診療禁止の原則）。

　ただし、保険外診療を受ける場合でも、厚生労働大臣の定める評価療養、選定療養、患者申出療養については、保険診療との併用が認められています。具体的には、通常の治療と共通する部分（診察・検査・投薬・入院料など）の費用は、一般の保険診療と同様に扱われ、その部分については一部負担金を支払うこととなり、残りの額は保険外併用療養費として健康保険から給付が行われます。また、被扶養者の保険外併用療養費にかかる給付は、家族療養費として給付が行われます。

　なお、介護保険法で指定されている指定介護療養サービスを行う療養病床などに入院している患者は、介護保険から別の給付を受け取ることができます。そのため、二重取りにならないように、保険外併用療養費の支給は行われません。

● 評価療養、選定療養、患者申出療養

　評価療養とは、保険適用前の高度な医療技術を用いた医療や新薬など、将来的な保険適用を前提としつつ保険適用の可否について評価中の療養のことです。たとえば、先進医療、薬機法（旧薬事法）承認後で保険収載前の医薬品、医療機器、再生医療等製品の治験にかかる使用、薬価基準収載医薬品の適応外使用なども評価療養に含まれます。

　一方、選定療養とは、個室の病室や、予約診療、紹介状なしの大病院受診、保険で認められている内容以上の医療行為など、患者本人が

希望して受ける「特別な療養」のことです。200床以上の病院の未紹介患者の初診、200床以上の病院の再診、制限回数を超える医療行為、180日以上の入院、前歯部の材料差額、金属床総義歯、小児う触の治療後の継続管理などが選定医療に含まれます。

患者申出療養とは、国内未承認の医薬品の使用や、先進医療の対象にはならないが一定の安全性や有効性が確認された医療などを、迅速に保険外併用療養として行うことができるようにするしくみで、患者からの申出を起点として、原則6週間で実施されます。

● 保険外併用療養費の具体例

たとえば、一部負担金が3割の患者の総医療費が120万円、このうち先進医療についての費用が30万円だった場合、①先進医療についての費用30万円は、全額を患者が負担することになります（下図参照）。

一方、②通常の治療と共通する部分（診察、検査、投薬、入院料）については7割（63万円分）が保険外併用療養費として給付される部分になります。結局、全額自己負担分の30万円と一部負担金（3割）分の27万円を合わせた57万円について、患者が自己負担することになります。

■ 保険外併用療養費が支給される範囲 ……………………………

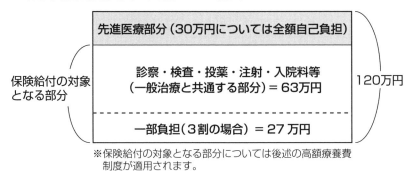

※保険給付の対象となる部分については後述の高額療養費
　制度が適用されます。

6 高額療養費

高額療養費は高度医療の自己負担額を抑える

病院や診療所で医療サービスを受けた場合、少ない負担でより良い医療を受けられる反面、長期入院や手術を受けた際の自己負担額が高額になることもあります。自己負担額が一定の基準額を超えた場合に被保険者に給付されるのが高額療養費です。

高額療養費は所得が低い人ほど手厚く支給される

高額療養費は、被保険者や被扶養者が同じ月に同じ病院などで支払った自己負担額が、高額療養費算定基準額（自己負担限度額）を超えた場合、その超えた部分の額が高額療養費として支給されます。高額療養費算定基準額は、一般の者、上位所得者、低所得者によって、計算方法が異なっています。上位所得者ほど自己負担額が高くなります。

83ページ図の、「医療費の負担限度額」欄の総医療費（療養に要した費用）とは、同じ月に同じ病院などで支払った医療費の総額です。

「同じ月に同じ病院など」とは、暦月1か月内（1日から末日まで）に通院した同じ診療科であることが必要です。したがって、たとえ実日数30日以内であっても、暦月で2か月にまたがっている場合は「同じ月」とはいえません。

また、同じ月で同じ病院に通院していたとしても、診療科が異なっている場合も対象外です。なお、同じ診療科でも入院・通院別に支給の対象になるかどうかを計算します。

この場合、差額ベッド代や食事療養費、光熱費などは高額療養費の対象にはならないので注意が必要です。高額療養費に該当するかどうかは領収書に記載されている一部負担額が保険内か保険外かを見て判

断します。

● 高額療養費はどのように計算されるのか

　次ページの図のように高額療養費は70歳未満、70 〜 74歳で自己負担限度額が異なります。70 〜 74歳では一般的に収入がないため、限度額が低めに設定されています。ただし、現役並みに所得がある場合は、70歳未満と同様の負担限度額が定められています。

　具体的な高額療養費の計算は、70歳未満の者だけの世帯と70 〜 74歳の者がいる世帯では異なります。

① 70歳未満の者だけの世帯

　高額療養費には世帯合算という制度があります。世帯合算は、同一世帯で、同一の月1か月間（暦月ごと）に21,000円以上の自己負担額を支払った者が2人以上いるときに、それぞれを合算して自己負担額を超えた分が高額療養費として払い戻される制度です。世帯合算する場合もそれぞれの個人は同一医療機関で医療費を支払っていることが要件になります。

　つまり、被保険者や被扶養者が同一の月に同一医療機関から受けた療養の自己負担分（21,000円以上のものに限る）を合算した額から、次ページの下図の該当の限度額を控除した額が高額療養費として給付されます。

　また、高額療養費には「多数該当」という自己負担限度額を軽減させる制度があります。具体的には、同一世帯で1年間（直近12か月）に3回以上高額療養費の支給を受けている場合は、4回目以降の自己負担限度額が下がります。

② 70 〜 74歳の者がいる世帯

　この世帯では、世帯合算を行う前に、次ページの下図の個人ごとの外来療養について、該当する限度額を自己負担額から控除して高額療養費を計算します。さらに、それでも残る自己負担額を世帯（70 〜 74歳のみ）ごとに合算した金額から該当する限度額を控除して高額療

養費を計算します。この際、外来療養だけでなく、入院療養の自己負担額を加えることができます。最後に③の70歳未満も含めた世帯合算の計算を行うことになります。つまり、3段階で高額療養費を計算するということです。

■ 医療費の自己負担限度額 ……………………………………………

● 1か月あたりの医療費の自己負担限度額（70歳未満の場合）

所得区分	医療費の負担限度額	多数該当
標準報酬月額 83万円以上の方	252,600円＋ （総医療費－842,000円）×1%	140,100円
標準報酬月額 53万円～79万円の方	167,400円＋ （総医療費－558,000円）×1%	93,000円
標準報酬月額 28万円～50万円の方	80,100円＋ （総医療費－267,000円）×1%	44,400円
一般所得者 （標準報酬月額26万円以下）	57,600円	44,400円
低所得者 （被保険者が市町村民税 の非課税者等）	35,400円	24,600円

● 1か月あたりの医療費の自己負担限度額（70～74歳の場合）

被保険者の区分		医療費の負担限度額	
		外来(個人)	外来・入院(世帯)
①現役並み所得者（負担割合3割の方）	現役並みⅢ （標準報酬月額 83万円以上）	252,600円＋（総医療費-842,000円）×1% （多数該当：140,100円）	
	現役並みⅡ （標準報酬月額 53万～79万円）	167,400円＋（総医療費-558,000円）×1% （多数該当：93,000円）	
	現役並みⅠ （標準報酬月額 28万～50万円）	80,100円＋（総医療費-267,000円）×1% （多数該当：44,400円）	
②一般所得者 （①および③以外の方）		18,000円 （年間上限14.4万円）	57,600円 （多数該当：44,400円）
③低所得者	市区町村民税の 非課税者等	8,000円	24,600円
	被保険者とその扶養 家族すべての者の 所得がない場合		15,000円

● 事前に申請すると自己負担限度額だけの支払いですむ

　高額療養費が支給され、最終的な負担額が軽減されても、医療機関の窓口で一度支払いをしなければなりません。したがって金銭的な余裕がないと、そもそも医療を受けることができないこともあります。そのため入院する人については高額療養費の現物支給化の制度を利用することができます。申請は、国民健康保険の場合は市区町村の窓口、協会けんぽの場合は各都道府県支部、それ以外の医療保険に加入の場合は勤め先の健康保険組合に、限度額適用認定証の申請を行います。これを医療機関に提示することで、自己負担限度額のみの支払いですみます。

■ 高額療養費の計算例 ‥‥‥‥‥‥‥‥‥‥‥‥‥‥‥‥‥‥‥‥‥

Aさん (52歳、所得：一般)	Bさん (72歳、所得：一般)	Cさん (74歳、所得：一般)
自己負担額 ○○病院（外来） 10,000円 △△病院（入院） 450,000円	自己負担額 ○○病院（外来） 50,000円	自己負担額 ○○病院（外来） 70,000円 △△病院（入院） 100,000円

① **70〜74歳の個人ごとの外来療養の高額療養費を計算**
　Bさん　50,000−18,000（前ページ下図）＝32,000円
　⇒18,000円は自己負担
　Cさん　70,000−18,000（前ページ下図）＝52,000円
　⇒18,000円は自己負担

② **70〜74歳の世帯ごとの外来・入院療養の高額療養費を計算**
　18,000＋18,000＋100,000−57,600（前ページ下図）＝78,400円
　⇒57,600円は自己負担

③ **70歳未満も含めた世帯ごとの外来・入院療養の高額療養費を計算**
　57,600＋450,000−57,600（前ページ上図）＝450,000円
　高額療養費　32,000＋52,000＋78,400＋450,000＝612,400円
　※Aさんの外来療養は21,000円以下なので対象外となる

Q 手術では、退院までの費用が概算で200万円以上かかるようです。自己負担３割でもかなり高額になりますが、高額療養費という制度は使えるのでしょうか。

A たとえば、胃ガンの場合、検査・画像診断料、投薬・注射料、手術・麻酔料、処置料、入院費、指導管理料でかかった医療費が200万円だった場合、３割負担で60万円の自己負担となります。相談の社員を70歳未満の被保険者（標準報酬月額28万円〜50万円）として、かかった費用を１か月で支出したとすると、下図のようになります。

　つまり、502,570円が高額療養費として払い戻されることになります。なお、入院の際に負担する食事療養標準負担額や生活療養標準負担額、評価療養、患者申出療養、選定療養にかかる特別料金（差額ベッド代など）、訪問看護療養費などは、高額療養費の対象にはなりません。

■ **高額療養費** ……………………………………………………………

70歳未満の被保険者（標準報酬月額28万円〜50万円）が医療費で200万円、窓口負担（３割）で60万円かかった場合

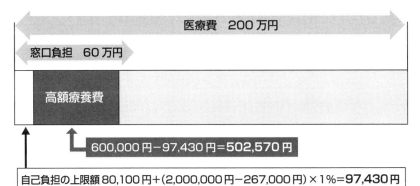

医療費　200万円
窓口負担　60万円
高額療養費

600,000円−97,430円=**502,570円**

自己負担の上限額80,100円+（2,000,000円−267,000円）×1%=**97,430円**

高額医療・高額介護合算療養費制度

自己負担軽減の目的で設けられた

　1か月の間に医療費が高額となり、一定の額を超えて自己負担額を支払ったとき、医療保険より「高額療養費」として一定の額を超えた分が支給されます。また、同様に介護サービス費が高額となり、一定の額を超えた場合は、介護保険より「高額介護サービス費」が支給されます。介護サービス費の高額負担者は、医療費の高額負担者であることも多く、それぞれの制度の自己負担上限額を負担する場合、その合計額は大きな負担となります。

　そこで、その自己負担を軽減する目的で、高額医療・高額介護合算療養費制度が設けられました。この制度は、年額で限度額が設けられ、医療費と介護サービス費の自己負担額の合計が著しく高額となる場合、申請して認められるとその超過額が後から支給されます。

　対象となるのは、被用者保険、国民健康保険、後期高齢者医療制度の医療保険各制度の世帯で、介護保険の受給者がいる場合です。毎年8月1日からの1年間で、その世帯が自己負担する医療費と介護サービス費の自己負担額の合計が、設定された自己負担限度額を超えたときに、超えた金額が支給されます。

　この自己負担限度額は、60万円が基本ベースとなっていますが、加入している医療保険の各制度や世帯所得によって細かく設定されています。

　自己負担限度額は、世帯の年齢構成や所得区分によって図のように異なります。

● 合算を利用するときの手続き

　医療保険が後期高齢者医療制度または国民健康保険の場合は、医療保険も介護保険も所管が市区町村なので、役所の後期高齢者医療または国民健康保険の窓口で支給申請を行います。ただし、年の途中（1年とは8月1日から翌年の7月31日まで）で、医療保険が変更になっている場合（たとえば他の市区町村から移転してきた場合など）は、以前加入していた医療保険窓口に「自己負担額証明書交付申請書」を提出し、「自己負担額証明書」を受け、現在の市区町村に提出します。

　一方、被用者保険の場合、医療保険と介護保険の所管が異なるため、まず介護保険（市区町村）の窓口で介護保険の自己負担額証明書の交付を受け、これを添付して協会けんぽや健康保険組合など、各被用者保険の窓口で、高額介護合算制度の支給申請をする必要があります。

■ 高額医療・高額介護合算療養費の自己負担限度額 ……………

70歳未満の場合

所得区分	基準額
標準報酬月額　83万円以上の方	212万円
標準報酬月額　53万円〜79万円の方	141万円
標準報酬月額　28万円〜50万円の方	67万円
標準報酬月額　26万円以下の方	60万円
低所得者 （被保険者が市町村民税の非課税者等）	34万円

※なお、70歳以上の場合、上表と異なり、①現役並み所得者（標準報酬月額28万円以上で高齢受給者証の負担割合が3割の方）67〜212万円、②一般所得者（①および③以外の方）56万円、③低所得者で被保険者が市町村民税の非課税者等である場合31万円、被保険者とその扶養家族すべての者の所得がない、かつ、公的年金額が80万円以下、給与所得が10万円以下の場合19万円となります。

❽ 傷病手当金

● 業務外の病気やケガで就業できない場合に支給される

　業務中や通勤途中で病気やケガをした場合は、労災保険から補償を受けることになりますが、業務外の病気やケガで働くことができなくなり、その間の賃金を得ることができない場合は、健康保険から傷病手当金が支給されます。

　傷病手当金の給付を受けるためには、療養のために働けなくなり、その結果、連続して3日以上休んでいたことが要件となります。ただし、業務外の病気やケガといっても美容整形手術で入院したなどで傷病手当金の支給要件を満たしたとしても、療養の対象とならないため傷病手当金は支給されません。

　「療養のため」とは、療養の給付を受けたという意味だけではなく、自分で病気やケガの療養を行った場合も含みます。「働くことができない」状態とは、病気やケガをする前にやっていた仕事ができないことを指します。なお、軽い仕事だけならできるが以前のような仕事はできないという場合にも、働くことができない状態にあたります。

● 支給までには3日の待期期間がある

　傷病手当金の支給を受けるには、連続して3日間仕事を休んだことが要件となりますが、この3日間はいつから数える（起算する）のかを確認する必要があります。

　3日間の初日（起算日）は、原則として病気やケガで働けなくなった日です。たとえば、就業時間中に業務とは関係のない事由で病気やケガをして働けなくなったときは、その日が起算日となります。また、就業時間後に業務とは関係のない事由で病気やケガをして働けなく

なったときは、その翌日が起算日となります。

　休業して４日目が傷病手当金の支給対象となる初日となり、それより前の３日間については傷病手当金の支給がないため「待期の３日間」と呼びます。待期の３日間には、会社などの公休日や有給休暇も含みます。この３日間は必ず連続している必要があります。

● 傷病手当金は通算して１年６か月まで支給される

　傷病手当金の支給額は、１日につき標準報酬日額の３分の２相当額です。ただ、会社などから賃金の一部が支払われたときは、傷病手当金と支払われた賃金との差額が支払われます。

　標準報酬日額とは、支給開始日以前12か月間の標準報酬月額を平均した額の30分の１の額です。また、傷病手当金の支給期間は、出勤した日は含まずに、欠勤した日のみを通算して１年６か月です。ただし、支給開始日が令和２年７月２日以降のものからが対象となり、支給開始日が令和２年７月１日以前のものについては、出勤した日も含めて１年６か月となります。なお、支給期間は、支給を開始した日からの暦日数で数えます。そして、その１年６か月間のうち実際に傷病手当金が支給されるのは、労務不能で就業できない日です。

■ 傷病手当金の支給期間 ……………………………………………

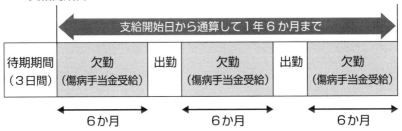

Q 今月中に病気療養のために退職する社員がいるのですが、退職後も現在の健康保険から傷病手当金が支給されるのでしょうか。

A 健康保険の被保険者が退職すると、その翌日には資格喪失し、健康保険の給付を受けられなくなるのが原則です。しかし、退職前に一定の要件を満たしている者は、退職後も傷病手当金を受給できます。これを資格喪失後の傷病手当金といいます。要件は次の2つです。

① 退職日までに継続して1年以上被保険者だったこと。

② 退職の際、傷病手当金を受けていたか、受ける条件を満たしていたこと。

受給権者であればよく、資格喪失時点で傷病手当金を受給できる状態にありながら、会社から報酬を受けているために傷病手当金の支給が停止されている者は、退職して事業主から報酬をもらえなくなれば、その日から傷病手当金が支給されます。

支給期間は支給開始後通算して（出勤日を含まず）1年6か月で、1日につき支給開始日以前12か月間の各報酬標準月額を平均した額÷30日の3分の2に相当する金額が支給されることになります。

なお、退職日に出勤をした場合は、継続給付の要件を満たさなくなるために、退職日の翌日以降の傷病手当金については支給されなくなるため注意が必要です。

Q 支給開始日から通算して1年6か月を経過している場合、傷病手当金を再度請求しても受給することはできるのでしょうか。

A 傷病手当金は、健康保険の被保険者が業務外の負傷や疾病が原因で働けなくなった場合に、最低限度の生活費を保障する

ための給付です。①療養のために休業していること、②労務不能であること、③連続した３日間の欠勤期間（待期）があること、の３つの要件を満たせば支給されます。ご指摘のように、支給期間があって、支給開始から通算して（出勤日を含まず）１年６か月までですが、その期間内であれば、同じ傷病についての傷病手当金が再度支給されます。

支給期間を経過している場合は、同種の傷病でも一度治ゆしていれば支給期間は新たに計算されることがあります。たとえば、毎年インフルエンザにかかって休業したような場合、前述の要件さえ満たしていれば、そのつど支給される場合がありますが、保険者の判断となります。なお、本人が定期的に通院しているような場合は、治ゆしていないということになり、打ち切り後の支給はされないでしょう。

Q 傷病手当金と報酬はどのように調整されるのでしょうか。

A 健康保険の被保険者が業務外の負傷や疾病のため休業した場合、その間の最低限度の生活費を保障するために傷病手当金が支給されます。休業４日目から、支給開始日以前12か月間の各報酬標準月額を平均した額÷30日の３分の２に相当する額が、支給開始日から休業した日を通算して（出勤日を含まず）１年６か月間支給されます。

ただし、休業中の被保険者や家族の生活保障ということから、事業主から十分な報酬が受けられる場合は支給されません。

会社が休業中も給与を支払う場合、傷病手当金相当額が保障の基準であり、傷病手当金以上の給与を支払った日については、傷病手当金は不支給となりますし、傷病手当金未満の給与を支給した場合には、傷病手当金はその差額だけ支給されます。たとえば、傷病手当金の金額を見込んで、給与日額の50％を支払った場合は、傷病手当金の額は差額である６分の１相当額になってしまいます。

出産した場合の給付

◉ 出産で会社を休んだ場合のための給付がある

　出産は病気やケガではありませんので、出産にかかる費用については療養の給付を受けることができません。

　そこで、健康保険では、出産のために仕事を休んだ場合の賃金の補てんと出産費用の補助を行っています。賃金の補てんとしての給付を出産手当金、出産費用の補助としての給付を出産育児一時金といいます。

◉ 出産手当金は産前42日産後56日まで支給される

　被保険者が出産のため、休業することによって、賃金を得ることができなかった場合（または減額された場合）に支給されます。

　出産手当金の支給を受けることができる期間は、出産予定日以前（産前）42日（双児以上の妊娠は98日）から出産日後（産後）56日までの間です。出産日当日は産前に含まれます（次ページの図参照）。出産手当金の支給額は、休業1日につき標準報酬日額（支給開始日以前12か月間の標準報酬月額の平均額の30分の1の額）の3分の2相当額です。ただ、会社などから賃金の一部が支払われたときは、出産手当金と支払われた賃金との差額が支給されます。

　出産手当金の出産とは妊娠85日（4か月）以上の出産をいいます。早産、死産、流産、人工中絶も含みます。

　また、実際の出産が当初の予定日より遅れた場合は、実際に出産した日までの期間についても出産手当金が支給されます。つまり、出産手当金の産前の支給期間が42日（双児以上の場合は98日）よりも延びることになります。逆に出産が予定日よりも早まったときは、支給期間が42日に満たないこともあります。

出産手当金は傷病手当金と違い、対象となる休業期間に働くことができるかどうかは関係ありません。実際に働かなかった日があれば、出産手当金の支給の対象となります。

◉ 出産育児一時金として50万円が支給されている

　健康保険の被保険者が出産したときは、被保険者またはその被扶養者である家族が妊娠4か月以後（妊娠85日以後）に出産したときに、出産育児一時金として一児につき50万円が支給されます（双児以上の場合は50万円×人数分）。ただし、産科医療補償制度（出産時の事故で重度の脳性麻痺児が生まれた場合に補償を行う制度）に加入しない保健医療機関で出産した場合、支給額は48万8000円となります。

■ 出産手当金が支給される期間 ……………………………………

● 予定日に出産、または予定日より前に出産した場合

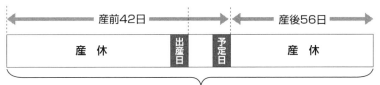

出産手当金が支給される期間（予定日出産の場合）

※出産予定日より出産が早まった場合、早まった分、産前期間が短くなる
　（産後期間は出産日から56日）

● 予定日より遅れて出産した場合

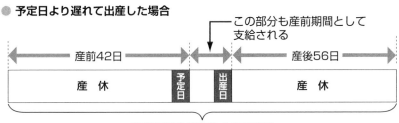

出産手当金が支給される期間

Q 出産退職した労働者に対しても出産手当金は支給されるのでしょうか。

A 健康保険では、出産に対する給付として「出産手当金」と「出産育児一時金」の2つがあります。

退職して健康保険の被保険者としての資格を喪失した後でも、要件を満たせば「出産手当金」と「出産育児一時金」を受給できます。

出産手当金については資格を喪失する日の前日までに継続して1年以上被保険者であった人は、資格を喪失した際に受給していた出産手当金を引き続いて受給することができます。

なお、出産手当金とあわせて出産育児一時金も請求できます（給付額は一児ごとに50万円）が、資格喪失後から6か月以内の出産が要件です。夫の扶養に入っている場合、夫の健康保険の家族出産育児一時金と、どちらか一方を選択することになります。

Q 死産の場合の産後休業に出産手当金は支給されるのでしょうか。

A 不幸にして死産となった場合でも、その後56日の間で、労務に服することができず、給与を受けられなかった日については、出産手当金は支給されます。給与を受けられなかった日についてなので、産前と同様に有給休暇をとっていないことが条件です。

なお、仮に出産の日後56日以内に退職し、被保険者の資格を喪失した場合でも、要件を満たせば資格喪失の日から出産の日後56日までの期間の出産手当金は支給されます。

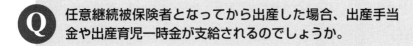

Q 任意継続被保険者となってから出産した場合、出産手当金や出産育児一時金が支給されるのでしょうか。

A 退職した場合、本来は被用者保険である健康保険から地域の医療保険制度である国民健康保険に切り替わります。しかし、国民健康保険は、市長村によって給付の詳細や保険料が違いますし、本人が再就職を考えていることもありますので、一定の条件を満たせば、本人の希望で引き続き健康保険の被保険者となることができます。これが任意継続被保険者です。一定の要件とは、次の2つです。

① 被保険者でなくなった日の前日（退職した日）までに継続して2か月以上の被保険者期間があること。

② 被保険者でなくなった日（退職日の翌日）から20日以内に申請をすること。

任意継続被保険者になることができる期間は2年間に限られています。

任意継続被保険者の給付内容は、傷病手当金と出産手当金が任意継続被保険者に支給されないことを除いて、在職中の給付と同じです。

つまり、任意継続被保険者となってから出産した場合、出産育児一時金は支給されますが、出産手当金は支給されません。

ただし、任意継続被保険者となる前に正社員として会社に勤務していた場合など、1年以上一般の被保険者としての勤務期間があり、一般の被保険者としての資格を喪失したときに現に出産手当金の支給を受けているようなケースでは、資格喪失後の給付として出産手当金も支給されます。

もっとも、任意継続被保険者期間中の保険料は、在職中事業主が負担していた分も含めて全額自己負担する必要があります。

特に出産を理由に退職することを考えているような場合、任意継続を利用するのか、国民健康保険に加入するのかということを含めて検討する必要があるでしょう。

10 入院時食事療養費・生活療養費

◉ 入院中の食事の提供を受けることができる

病気やケガなどをして入院した場合、診察や治療などの療養の給付（現物給付）の他に、食事の提供を受けることができます。この食事の提供（現物給付）としての保険の給付を入院時食事療養費といいます。

ただし、後期高齢者医療給付における入院時食事療養費を受けることができる者には、同法による給付があるため、健康保険からの支給は行われません。

入院時食事療養費の給付を受けた場合、原則として1食あたり460円の自己負担額を支払う必要があります。これを標準負担額といいます。なお、標準負担額については、次ページの図のような住民税非課税者などへの減額措置が設けられています。

◉ 入院時生活療養費はどんな場合に支給されるのか

介護保険が導入され、要介護認定された人はさまざまな介護サービスを受けることができるようになりました。一方で入院患者は、症状が重い間は、医師や看護婦により十分な看護を受けていますが、ある程度症状が安定し、リハビリが必要となる段階になると看護が少なくなり、65歳以上の高齢者は介護を受けながら生活するようになります。そこで、介護保険との均衡の観点から、入院する65歳以上の者の生活療養に要した費用について、保険給付として入院時生活療養費が支給されています。

入院時生活療養費の額は、生活療養に要する平均的な費用の額から算定した額をベースに、平均的な家計における食費及び光熱水費など、厚生労働大臣が定める生活療養標準負担額を控除した額、となっています。

なお、低所得者の生活療養標準負担額については、下図のように軽減されています。

■ 食事療養についての標準負担額 ・・

対象者区分	標準負担額 （1食あたり）
一般の者【原則】	460円
指定難病患者、小児慢性特定疾患の者 （住民税非課税世帯以外）	260円
住民税非課税世帯の者	210円
住民税非課税世帯の者（入院日数が90日を超える者）	160円
70歳以上で、住民税非課税世帯かつ所得が 一定基準に満たない者	100円

■ 入院時の生活療養についての標準負担額 ・・・・・・・・・・・・・・・・・・・・・・・・・・・・

区　分		食費負担額 （1食につき）	居住費負担額 （1日につき）
課税世帯	医療区分Ⅰ （Ⅱ・Ⅲ以外）	460円 （420円※2）	370円
	医療区分Ⅱ・Ⅲ※1	460円	370円
	難病患者など	260円	0円
低所得者Ⅱ （市民税非課税世帯）		210円 （160円※3）	370円
低所得者Ⅰ （70歳以上で年金収入80万円以下など）		130円 （100円※4）	370円

※1　医療の必要性の高い場合
※2　管理栄養士などを配置していない保険医療機関に入院している場合
※3　入院の必要性が高く、直近12か月の入院日数が90日を超えている場合
※4　入院の必要性が高い場合など

11 家族療養費

● 被扶養者には家族療養費が支給される

被保険者の被扶養者が病気やケガをして、保険医療機関で療養を受けたときは、家族療養費が給付されます。

家族療養費は被保険者が受ける療養の給付、療養費、保険外併用療養費、入院時食事療養費、入院時生活療養費を一括した給付です。

そのため、現物（治療行為など）で給付を受けるもの（現物給付）と現金で給付を受けるもの（現金給付）とがあります。家族療養費の給付内容は、被保険者が受ける療養の給付などの給付とまったく同じものになります。

たとえば、療養の給付であれば、保険医療機関の窓口で健康保険被保険者証（カード）を提出して、診察、薬剤・治療材料の支給などを受けますが、被扶養者も保険証を提示して治療などを受けます。

現物給付として家族療養費の支給を受けることができない場合に、現金給付である家族療養費の支給を受けることができますが、現金給付での家族療養費の支給を受ける場合には、被保険者に対する療養費と同様に以下の要件を満たすことが必要です。

・保険診療を受けることが困難であるとき
・やむを得ない事情があって保険医療機関となっていない病院などで診療・手当などを受けたとき

● 被扶養者が治療を受けた場合の自己負担額

自己負担額（被保険者が負担する部分）も被保険者と同じように、義務教育就学後70歳未満の者については３割、義務教育就学前の者は２割、70歳以上の者は２割（ただし、一定以上の所得者については３

割）となっています。

　なお、一定以上の所得者とは、70歳に達する日の属する月の翌月以後にある被保険者で、療養を受ける月の標準報酬月額が28万円以上である者の被扶養者（70歳に達する日の属する月の翌月以後にある被扶養者に限る）です。

　ただし、標準報酬月額が28万円以上の者であっても年収が一定額以下の場合には申請により一定以上の所得者とならないことができます。

● 家族療養費が支給されない者もいる

　後期高齢者医療制度の給付を受けることができる者には家族療養費の支給は行いません。また、介護保険法に規定する指定介護療養型医療施設の療養病床などに入院中の者にも家族療養費が支給されません。

■ 被扶養者に対する給付 ………………………………………

家族療養費
被保険者が受け取る療養の給付、療養費、
保険外併用療養費、入院時食事療養費・生活療養費を
一括した給付

被扶養者に対する給付

高額療養費・高額介護合算療養費
被保険者の場合と同様

家族埋葬料
5万円

家族出産育児一時金
被保険者の場合と同様

訪問看護療養費と移送費

● 訪問看護療養費はどんな場合に支給されるのか

　末期ガン患者などの在宅で継続して療養を受ける状態にある者に対して行う、健康保険の給付が訪問看護療養費です。訪問看護療養費は、かかりつけの医師の指示に基づき、指定訪問看護事業者（訪問看護ステーションに従事する者）の看護師等による訪問看護サービスの提供を受けたときに支給されます。

　指定訪問看護事業者とは、厚生労働大臣の定めた基準などに従い、訪問看護を受ける者の心身の状況などに応じて適切な訪問看護サービスを提供する者です。厚生労働大臣の指定を受けた事業者で、医療法人や社会福祉法人などが指定訪問看護事業者としての指定を受けています。

　訪問看護療養費は、保険者が必要と認めた場合に限って支給されます。たとえば、末期ガン、筋ジストロフィー・脳性まひなどの重度障害、難病、脳卒中などの場合の在宅療養が対象となります。

　訪問看護サービスを受けた場合、被保険者は厚生労働大臣の定めた料金の100分の30の額を負担する他、訪問看護療養費に含まれないその他の利用料（営業日以外の日に訪問看護サービスを受けた場合の料金など）も負担します。

● 転院時のタクシー代などが支給される

　現在かかっている医療機関の施設や設備では十分な診察や治療が受けられないようなケースにおいて、患者が自力で歩くことが困難なときは、タクシーなどを使って、移動する必要があります。医師の指示によって、緊急に転院した場合などのように、転院に伴って必要にな

るタクシー代などの移動費について、健康保険から給付を受けることができます。これを移送費といいます。移送費は現金給付です。

いったんタクシー代などの移送費を自分で支払い、後で、移送費相当額の給付を受けることになります。移送費は原則として保険者（届出先は全国健康保険協会各都道府県支部または健康保険組合）による事前承認が必要になります。ただ、緊急を要するなどのやむを得ない事情がある場合は事後承認でもかまいません。

● 支給額は合理的な経路による場合の運賃全額

移送費として受けることができる額は、低廉かつ通常の経路および方法によって移送した場合の運賃になります。

なお、医師が医学的に必要だと認める場合は、医師や看護師などの付添人（1人だけ）にかかった交通費も移送費として支給されます。

■ 訪問看護療養費の支給要件 ……………………………………

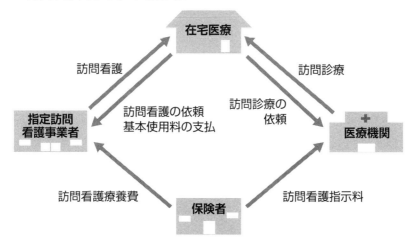

⓭ 死亡した場合の給付

● 被保険者が死亡すると遺族に埋葬料が支給される

被保険者が業務外の事由で死亡した場合に、その被保険者により生計を維持されていた人で埋葬を行う人に対して埋葬料が支払われます。

埋葬料は、被保険者が自殺した場合にも支払われます。

「被保険者により生計を維持されていた人」とは、被保険者である親が死亡した場合の子などです。ただ、民法上の親族や遺族でない者でも、同居していない者であってもかまいません。また、生計の一部を維持されていた人も含みます。健康保険の被扶養者である必要はありません。

「埋葬を行う人」とは、常識的に考えて埋葬を行うべき人をいいます。たとえば、従業員である被保険者が死亡して、社葬を行ったとしても、死亡した被保険者によって生計を維持している配偶者がいる場合は、その配偶者が、埋葬を行う人となり、配偶者に埋葬料が支給されます。他にも被保険者の子がこれにあたります。被保険者の配偶者や子がいない場合は、被保険者の兄弟姉妹やその他親戚の者などです。

埋葬料の額は、標準報酬月額に関わりなく、協会けんぽの場合一律5万円です。埋葬料を請求するときは、「健康保険埋葬料支給申請書」に、死亡診断書などを添付して保険者に提出します。このとき、健康保険被保険者資格喪失届と被保険者の健康保険証（被扶養者分も含む）も一緒に提出することになります。

被扶養者分も含めて健康保険証を保険者に返還するということは、それ以降、健康保険からの給付が受けられないということです。なお、被保険者が死亡する前に、被保険者の資格を喪失していた場合でも、以下に該当する場合は、埋葬料（または後述する埋葬費）が支給されます。

① 資格を喪失した後３か月以内に死亡した場合
② 資格を喪失した後の傷病手当金または出産手当金の継続給付を受けている間に死亡した場合
③ 資格を喪失した後の傷病手当金または出産手当金の継続給付を受けなくなってから３か月以内に死亡した場合

● 身寄りのない者のときは埋葬者に支給される

　身寄りのない１人暮らしの被保険者が亡くなったときのように、被保険者と生計維持関係にあった者がいないため、埋葬料を受ける者がいない場合は、実際に埋葬を行った者に埋葬費が支給されます。被保険者と離れて暮らしている被保険者の子、父母、兄弟姉妹や、友人、会社の同僚、町内会の代表などが埋葬を行った場合も該当します。

　埋葬費の額は、埋葬料の金額の範囲内で、実際に埋葬に要した実費相当額です。費用には霊柩車代、霊前供物代、僧侶謝礼、火葬料などが含まれますが、参列者の接待費用や香典返しなどは含まれません。

● 被扶養者が死亡したら家族埋葬料が支給される

　被扶養者が死亡したときは、被保険者に対して家族埋葬料が支給されます。家族埋葬料の支給額は、協会けんぽの場合、一律５万円です。死産児は被扶養者に該当しないことから、家族埋葬料の支給の対象にはなりません。請求方法は埋葬料の場合と同じです。

■ 死亡した場合の給付 ……………………………………………………

死亡したとき
- 被保険者の死亡
  ５万円（埋葬料）
- 被扶養者の死亡
  被保険者に対して５万円支給（家族埋葬料）

Q 健康保険からは、退職者に対しても埋葬料または埋葬費が支給されるのでしょうか。

A 健康保険では、被保険者に対して保険給付をするのが原則ですが、ⓐ在職中に保険給付を受けている社員が退職後も継続して受給する場合（継続給付）と、ⓑ資格喪失した後に保険給付を受ける事由が生じた場合には、退職後でも保険給付をすることがあります。質問の退職後の埋葬料・埋葬費はⓑに該当します。

　資格喪失後の埋葬料・埋葬費の支給要件は、①被保険者だった人が資格喪失後3か月以内に死亡したこと、②被保険者だった人が、資格喪失後の傷病手当金または出産手当金の継続給付を受けている最中に死亡したこと、③被保険者だった人が、資格喪失後の傷病手当金または出産手当金の継続給付の給付を受けなくなった日後3か月以内に死亡したとき、のいずれかです。

　埋葬料は、上記の要件に該当した者が死亡した当時、その者によって生計を維持していた者で、埋葬を行う者に対して支給されます。

　ここで生計を維持していた者とは、死亡当時被保険者の収入によって生計を維持していた事実があれば、被扶養者、同一世帯、親族関係等の要件にかかわらず認められます。埋葬費は、その者によって生計を維持した者がいない場合に、実際に埋葬を行った者に対して支給されるものです。

　ご質問のケースの退職する労働者についても、前途した①〜③の要件を満たす場合には、埋葬料または埋葬費が支給されます。支給額は、埋葬料が5万円、埋葬費は埋葬に要した費用に相当する金額（上限は埋葬料の5万円）です。なお、埋葬費の申請の場合は、埋葬に要した費用に相当する金額がわかるもの（埋葬に要した領収書や埋葬に要した費用の明細書）が必要となります。

14 任意継続被保険者

● 任意継続の保険料には上限がある

　健康保険には、退職後も在籍していた会社の健康保険制度に加入できる任意継続被保険者という制度があります。

　退職日までに被保険者期間が継続して2か月以上あれば、被保険者資格を喪失した日から2年間、任意継続被保険者になることができます。ただし、75歳以上で後期高齢者医療制度へ加入しなければならない場合は、任意継続被保険者になることはできません。また、再就職して新たに健康保険等の被保険者資格を取得した場合は、任意継続被保険者としての資格は喪失します。

　任意継続被保険者は、会社を通さず、個人で、在職中に加入していた健康保険に継続して加入することになります。

　傷病手当金、出産手当金を除いて在職中と同様に、健康保険の給付を受けることができます。ただ、在籍中は、会社が保険料の半分を負担していましたが、任意継続後は、全額を自己負担することになります。

　任意継続においては、保険料に上限があるのがポイントです。上限額は保険者によって異なりますが、全国健康保険協会管掌健康保険では標準報酬月額30万円の場合の保険料が上限になります（東京都の介護保険第2号被保険者該当者の場合、令和5年3月分からは、35,460円）ので、在職中の保険料がこの上限を超えていた者や被扶養者の多い者は、国民健康保険を選択するよりも保険料が安くなることもあります。

　保険料は、原則2年間は変わりません。ただし、都道府県別の健康保険料率や介護保険料率が変更された場合や、標準報酬月額の上限に変更があった場合は、それに合わせて変更されます。

● 保険料の納付が１日でも遅れると資格を失う

　任意継続被保険者になるためには、退職日の翌日から20日以内に、「健康保険任意継続被保険者資格取得申出書」を保険者に提出しなければなりません。毎月の保険料は、月初めに送付される納付書で原則として毎月10日までに納付することになります。納付方法は、コンビニエンスストア、一部金融機関窓口、一部金融機関ATM、インターネットバンキングの他、口座振替を選択することもできます。また、６か月分、12か月分および任意継続被保険者となった翌月分から９月分まで（または３月分まで）を前納することができます。

　任意継続被保険者としての資格を取得してから２回目以降の保険料の納付が１日でも遅れると、原則として被保険者資格がなくなります。任意継続は、年齢に関係なく最長で２年間です。なお、初めて納付すべき保険料を納付期限までに納付できなかった場合は、最初から任意継続被保険者とならなかったこととして扱われますので注意が必要です。

　任意継続をする場合、継続期間中は保険料が変わりません。これに対して、市区町村によって運営されている国民健康保険の保険料は前年の所得などによって、毎年度変わりますから、退職した年は任意継続の保険料が低いと思っても、次年度以降で国民健康保険のほうが有利になることもあります。

■ 任意継続被保険者の手続 ………………………………………

任意継続被保険者 ➡

全国健康保険協会管掌健康保険
　全国健康保険協会の都道府県支部

組合管掌健康保険
　従前の健康保険組合事務所

15 退職後の健康保険

● 必ず医療保険には入らなければならない

　健康保険は会社を退職すると加入資格を失いますので、在職中に使っていた健康保険証（健康保険被保険者証）は、会社を通して返却しなければならず、退職した日の翌日からは使えません。現在の健康保険制度は、国民すべてがいずれかの公的医療保険制度に加入することになっています。会社を退職した後は、国民健康保険などのいくつかの制度の中から該当するものを選ぶことになります。

● 任意継続被保険者や国民健康保険を検討する

　会社に勤めている間は、組合または全国健康保険協会管掌の健康保険の被保険者になっています。しかし、会社を辞めると、後にどの健康保険に入るのかを自分で決めなければなりません。

　会社を退職した後は、通常、再就職して再度健康保険の被保険者となるまでの間任意継続被保険者になるか、市区町村が運営する国民健康保険へ加入することになります。

　なお、健康保険は被保険者だけでなく、被扶養者も給付の対象としている点に特徴があります。そのため、退職後、次の就職先が見つかるまでの間、家族が被保険者になっている健康保険の被扶養者になるという方法もあります。

● 特例退職被保険者になることができる場合もある

　在職中の健康保険が、厚生労働大臣の認可を受けた特定健康保険組合の組合管掌の健康保険であれば、特例退職被保険者として退職後も健康保険の被保険者になることができます。特例退職被保険者になれ

るかどうかは、健康保険組合の加入期間が20年以上で、厚生年金を受給しているかどうかなど特定健康保険組合の約款により定められます。

　特例退職被保険者には健康保険組合から、健康保険の一般被保険者と基本的に同様の給付を受けることができます。ただし、傷病手当金と出産手当金を受給することはできません。

　この特例退職被保険者制度は、定年後から後期高齢者医療制度に加入するまでの間、今までと同程度の保険給付を受けることが可能な制度です。しかし、近年の高齢者の医療費の増加もあって、健康保険組合の財政は圧迫されており、特例退職被保険者制度を維持しているのはごく少数だといえます。

■ 退職後の健康保険

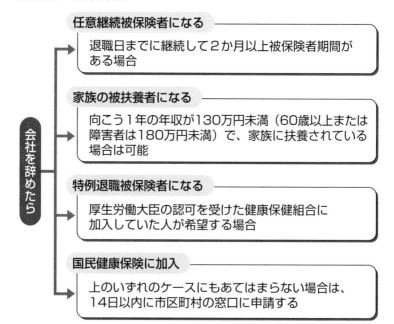

会社を辞めたら

任意継続被保険者になる
退職日までに継続して2か月以上被保険者期間がある場合

家族の被扶養者になる
向こう1年の年収が130万円未満（60歳以上または障害者は180万円未満）で、家族に扶養されている場合は可能

特例退職被保険者になる
厚生労働大臣の認可を受けた健康保健組合に加入していた人が希望する場合

国民健康保険に加入
上のいずれのケースにもあてはまらない場合は、14日以内に市区町村の窓口に申請する

Q 社員の退職日と国民健康保険の加入について、会社としては、末日の前日に退職し、末日付けで国民健康保険に加入してもらったほうがよいのでしょうか。

A 退職の場合、社会保険（健康保険・厚生年金保険）の資格喪失日はその退職日の翌日です。したがって、たとえば10月31日に退職した場合は、翌日の11月1日に資格喪失したことになります。

ただ、保険料については、資格取得日の属する月分から資格喪失日の前月分まで月単位で扱われます。10月31日に退職した場合は翌日の11月1日が資格喪失日になりますから、その前月の10月分までの保険料を納めることになります。また、10月30日に退職した場合、資格喪失日は10月31日となり、納付すべき保険料はその前月である9月分までです。

一方、国民健康保険の資格取得日は、加入していた健康保険の資格喪失日であり、保険料もその月から発生します。ですから10月31日で退職した場合、資格喪失月11月の前月である10月分の社会保険料に加えて、資格喪失月11月分（つまり国民健康保険の資格取得月）の国民健康保険料も納めなければいけません。10月30日退職であれば、保険料は社会保険は9月分まで、国民健康保険は10月分からということになります。会社負担は1か月分少なくなります。

ただし、国民健康保険はそれぞれの市町村が保険者であり、保険料の計算方法は市区町村によって異なります。社員にとって、退職日がいつがよいかについては実際に住所地の市区町村窓口に問い合わせて比較してみるとよいでしょう。

16 損害賠償請求の代位取得

● 代位取得とは

　自動車事故などにあってケガをした場合、被害者である被保険者（または被扶養者）は事故の加害者に対して、ケガの治療費など（治療費や治療で仕事を休んだために収入が減った分の補てんなど）の損害相当額を請求できます。これが、民法が規定する損害賠償請求権です。

　ただ、事故のように緊急を要する場合には、とりあえず健康保険を使って治療を受けることもあります。こういったケースでは、本来、事故の加害者が負うべき被害者の治療費を健康保険が支払った形になります。この場合、被害者が健康保険からの給付に加えて加害者からの損害賠償を受けることができるとすると、二重に損害の補てんを受けることができることになります。いかに被害者とはいえ、そこまで認めるのは不合理です。

　そこで、このケースのように先に健康保険からの給付を受けた場合、保険者（全国健康保険協会または健康保険組合）は保険給付を行った額を限度として、被害者（被保険者または被扶養者）が加害者（第三者）に対して有する損害賠償請求権を取得することとしました。これを損害賠償請求権の代位取得といいます。保険者は第三者への通知や承諾を得なくても当然に権利を取得しますので、直接、第三者に対して損害賠償を請求することができます。なお、加害者が未成年者などで自分の行為の責任を弁識する能力が足りない場合には、その監督義務者（親権者など）に対して損害賠償を請求することができます。

● 先に損害賠償を受けると健康保険は支給されない

　代位取得の場合とは逆に、健康保険の保険給付を受ける前に加害者

から損害賠償としての治療費などの支払いを受けた場合は、支払いを受けた価額の限度において健康保険の給付を行わなくてもよいことになっています。

なお、ひき逃げされた場合などのように加害者としての第三者がわからないこともありえます。このようなケースでは、被害者は健康保険の保険給付を受けることになります。

◉ 代位取得の範囲はどこまでか

保険者が代位取得する損害賠償請求権は、療養の給付としての現物給付相当額に限らず、入院時食事療養費や入院時生活療養費、保険外併用療養費、傷病手当金を受けた場合のその額や被害者が死亡した場合の給付である埋葬料（費）についても含みます。ただ、保険給付とは関係のない精神的損害の補てんである慰謝料や見舞金などについては、代位取得の対象とはなりません。

また、被害者と加害者の間で示談が成立している場合、被害者が賠償金を受け取った日において被害者が加害者に対して持っている損害賠償請求権が消滅し、それに伴い保険者による代位取得の余地もなくなるので、保険給付は行われないことになります。損害賠償の一部についてだけ示談が成立した場合は、残りの部分について代位取得の余地が残ります。

■ 代位取得の範囲 ･･

代位取得 ｛　・療養給付としての現物給付相当額

　　　　　　・傷病手当金相当額

　　　　　　・埋葬料（費）相当額　　など

健康診断と健康保険の関係は？

　健康診断と聞くと、健康保険が関係するように思っている人もいますが、健康診断自体は治療を目的とするものではないため、基本的に保険の適用はありません。健康診断については、労働安全衛生法に規定されています。労働安全衛生法は、会社に対して1年に一度の健康診断を実施することを求めています。法律は従業員に対しても受診を義務付けて、この実効性を確保しています。従業員が受診を拒否すれば、業務命令でもあるので、処分の対象になることもあります。

　健康診断は、会社が従業員の健康状態を把握するための目的で行う、ものですから、業務上必要な範囲の検査が行われればよく、法令でその項目まで決められています。不必要な項目まで受診する義務はありません。この他にも、結果の保管者を明示することや、会社が適切な取扱いや保管をすべきとの守秘義務などの通達も出されて、バランスがとられています。会社としては、従業員にも日頃から、このような健康診断の事情をよく理解してもらい、健康診断を快く受診してもらうようにしましょう。

　なお、メタボリックシンドロームと生活習慣病の予防を目的として、メタボ検診が義務付けられています。対象者は、40歳〜74歳の健康保険の加入者です。メタボ検診が義務付けられたことにより、通常の健康診断に加え、新たに腹囲測定が追加されています。

　定期健康診断で脳血管疾患や心臓疾患の発生の恐れが高いと診断された場合に二次健康診断が行われます。具体的には、定期健康診断で、血圧検査、血中脂質検査、血糖検査、腹囲の検査（またはBMIの測定）のすべての検査について異常の所見があると診断された場合です。二次健康診断を受ける場合、受診者の負担はありません。

　なお、健康診断後の再検査や精密検査、治療については保険適用となるため、受診の際には保険証が必要になります。

第4章

最低限知っておきたい
厚生年金のしくみ

厚生年金保険とは

● 厚生年金の保険料

　厚生年金は一定の条件を満たす被保険者やその遺族に対し、生活費となる現金を給付する制度です。厚生年金は国民年金に加算して支給されますので、国民年金にしか加入していない自営業者などよりも手厚い保障を受けられることになります。厚生年金の受給資格があるか、受給金額がいくらになるかは、被保険者の加入期間と掛けていた保険料によって異なります。

　厚生年金の保険料は、毎月の給与や、賞与から天引きされます。天引きされた金額と同額の保険料を会社がさらに拠出し、両方の金額が厚生年金保険料として会社から国に納められます。

　厚生年金の保険料の決め方は、給与や賞与に国が決めた保険料率を掛けて算出します。保険料率は平成16年9月までは13.58％でした。したがって、従業員本人と会社が6.79％ずつ負担していたわけです。しかし、年金保険の財政がひっ迫したため、平成16年10月からは13.934％となり、その後も、国民年金保険料の値上げに合わせて保険料率は毎年0.354％ずつ平成29年（2017年）の18.3％まで引き上げられ、以降は固定されています。

● 厚生年金の種類

　厚生年金の給付は大きく以下の3つに分類することができます。

① 老齢厚生年金

　老齢厚生年金は高齢となった場合に支給される厚生年金です。

　もともと厚生年金保険は60歳（女性は55歳）から支給されていましたが、昭和61年に年金制度の改正が行われ、支給開始年齢が国民年金

の支給開始年齢である65歳に合わせて繰り下げられています。

　ただ、一斉に65歳としてしまうのではなく、生年月日によって段階的に支給開始年齢を遅らせるという措置がとられています。その結果、支給開始年齢が65歳となるのは、男性の場合は昭和36年4月2日以降生まれの人、女性の場合は昭和41年4月2日以降生まれの人、ということになっています。

② 　障害厚生年金

　厚生年金に加入している被保険者が事故や病気に遭い、身体に障害が残った場合に行われる給付が障害厚生年金です。障害厚生年金は、国民年金法施行令・厚生年金法施行令に定められている障害状態の1～3級に該当する場合に支給されます。

③ 　遺族厚生年金

　厚生年金に加入している会社員が死亡した場合に、一定の遺族に支給されるのが遺族厚生年金です。

■ 厚生年金保険の年金給付など ………………………………

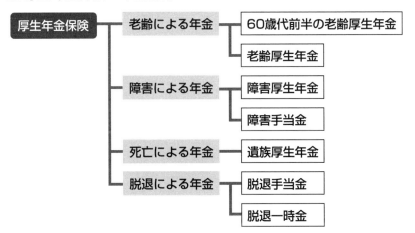

もらえる老齢厚生年金の受給要件

● 老齢厚生年金はどんな場合にもらえるのか

　会社員はほとんどの場合、厚生年金に加入することになるので、老後は老齢基礎年金に加えて老齢厚生年金を受給することができます。

① 65歳を境に２つに分かれる

　老齢厚生年金は、60歳から受給できる60歳台前半の老齢厚生年金と65歳から受給する本来の老齢厚生年金の２つに分けて考える必要があります。

　60歳台前半の老齢厚生年金は、「定額部分」と「報酬比例部分」とに分かれています。定額部分は老齢基礎年金、報酬比例部分は老齢厚生年金にあたります。65歳になると、定額部分は老齢基礎年金、報酬比例部分は老齢厚生年金に変わります。

② 受給要件

　老齢基礎年金の受給資格期間（10年間）を満たした人で、厚生年金の加入期間が１か月以上ある人は１階部分の老齢基礎年金とあわせて、本来の老齢厚生年金をもらうことができます。

　一方、60歳台前半の老齢厚生年金を受給するためには厚生年金の加入期間が１年以上あることが必要です。

③ 支給額

　65歳からもらえる本来の老齢厚生年金の支給額は老齢基礎年金と異なり、納めた保険料の額で決まります。つまり、現役時代に給料が高かった人ほどたくさん老齢厚生年金をもらえるしくみになっています。

　一方、60歳台前半でもらう老齢厚生年金については、65歳からの老齢基礎年金に相当する部分（定額部分）については、納付月数に応じて、65歳からの老齢厚生年金に相当する部分（報酬比例部分）につい

ては、現役時代の報酬を基に支給額が決められることになります。

● 経過的加算とは何か

60歳台前半の老齢厚生年金は、「定額部分」と「報酬比例部分」に分けられ、65歳になると、定額部分は老齢基礎年金、報酬比例部分は老齢厚生年金と名称が変わりますが、実際のところ、単に名称が変わるだけではありません。定額部分と老齢基礎年金とでは、計算方法の違いから金額が変わってしまうのです。具体的には、老齢基礎年金は定額部分よりも金額が少なくなる場合があります。したがって、このままでは、60歳から「特別に支給されている年金」を受け取り、その後、65歳まで年金に加入していなかった人の場合、65歳以降に年金の手取り額が減ることになってしまいます。

そこで、導入されたのが、経過的加算です。老齢基礎年金に経過的加算分の年金を加えて支給することで、年金の手取りを今までと同じにするのです。

■ **老齢厚生年金のしくみ** ・・・・・・・・・・・・・・・・・・・・・・・・・・・・・・・・・・・

60歳

65歳

報酬比例部分

老齢厚生年金

定額部分

経過的加算

老齢基礎年金

60歳台前半の老齢厚生年金

③ もらえる老齢厚生年金額の計算方法

● もらえる特別支給の老齢厚生年金の金額

60歳から65際までの間に支給される特別支給の老齢厚生年金については定額部分と、報酬比例部分を分けて金額を計算します。

① 定額部分

実際に支給される定額部分の金額は以下の計算式で求めます。

定額部分の計算式（令和5年4月分から）

67歳以下の方（昭和31年4月2日以後生まれ）

    1,657円 × 生年月日に応じた率 × 被保険者期間の月数

68歳以上の方（昭和31年4月1日以前生まれ）

    1,652円 × 生年月日に応じた率× 被保険者期間の月数

老齢基礎年金と同様に、加入月数が多いほど受給金額が多くなるしくみとなっており、現役時代の収入の多寡は影響しません。

② 報酬比例部分

報酬比例部分の算出方法をもっともシンプルに表すと以下のようになります。

報酬比例部分の金額＝平均標準報酬月額×加入月数×給付乗率

標準報酬月額とは、現役時代の給与を一定の金額ごとに区分けしてあてはめた金額です。このように、報酬比例部分は、現役時代の給料が多いほど金額が増えるしくみとなっています。

ただ、実際のところ、報酬比例部分の計算は上の数式のように単純ではなく、非常に複雑です。その理由としては、平成15年4月から導入された総報酬制（賞与にも月給と同じ保険料率が課せられる制度）により、保険料を徴収するベースが増えるため、平成15年4月を基準に異なる乗率を用いる点や、年金制度の改正のためにもらえる年金が減額されないように、以前の年金額を使ってよいというしくみが導入されている点が挙げられます（従前額保障）。また、再評価率で、毎年の手取り賃金変動率や物価変動率を反映させています。

● 老齢厚生年金の受給額

　65歳からの本来の厚生年金の受給額は前述の特別支給の老齢厚生年金報酬比例部分の計算式と同様です。また、60歳代前半の老齢厚生年金の定額部分と65歳からの老齢基礎年金との差（経過的加算、117ページ）がある場合は、老齢厚生年金に加算して支給されます。

■ 報酬比例部分の年金額の計算方法 ·····························

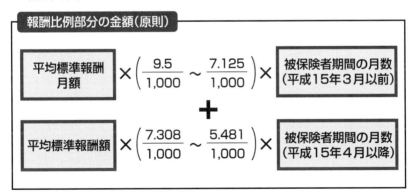

報酬比例部分の金額（原則）

$$平均標準報酬月額 \times \left(\frac{9.5}{1,000} \sim \frac{7.125}{1,000} \right) \times 被保険者期間の月数（平成15年3月以前）$$

$$+$$

$$平均標準報酬額 \times \left(\frac{7.308}{1,000} \sim \frac{5.481}{1,000} \right) \times 被保険者期間の月数（平成15年4月以降）$$

※ただし、従前額保障により、平成12年改正前の計算式で計算したほうが金額が高額になるときにはその金額が報酬比例部分の金額となる
　平均標準報酬月額に乗じる乗率は生年月日によって異なり、昭和21年4月2日以降に生まれた人については、1000分の7.125、1000分の5.481となる

老齢厚生年金の支給開始時期

● 支給時期は今後65歳になる

　もともと厚生年金保険は60歳（女性は55歳）から支給されていましたが、昭和61年の改正で、すべての年金の支給開始年齢を国民年金の支給開始年齢である65歳に合わせることにしました。

　ただ、いきなり65歳にしてしまうのではなく、生年月日によって若くなるほど段階的に年金の受給を遅くしていきます。最終的には令和8年（女性は令和13年）に厚生年金保険、国民年金ともに65歳からの支給となる予定です。この段階的に遅くなっていく、65歳前に支給される厚生年金のことを特別支給の老齢厚生年金といいます。

　特別支給の老齢厚生年金は原則として報酬額に関係のない定額部分と、報酬額によって受給額が変わってくる報酬比例部分という2つの部分で成り立っています。まず、定額部分の支給を段階的に遅らせて、それが完了すると今度は報酬比例部分の支給を段階的に遅らせていきます。

　なお、女性は男性より5年遅れのスケジュールとなっています。これは、以前女性の年金が男性より5年早い55歳から支給されはじめていたことに配慮したものです。

　また、厚生年金保険の障害等級3級以上に該当する者や、44年以上の長期にわたって厚生年金保険に加入している者は、特例として、60歳から64歳までに「報酬比例部分」のみを受給できる場合には、「定額部分」も合わせてもらえることになっています。

■ 年金の支給開始時期 ……………………………………………………

定額部分の支給開始時期引き上げスタート

男性	女性	
		60歳 ────── 65歳
昭和16.4.1以前生まれ	昭和21.4.1以前生まれ	報酬比例部分 → 老齢厚生年金 定額部分 → 老齢基礎年金
		61歳 ────── 65歳
昭和16.4.2～昭和18.4.1生まれ	昭和21.4.2～昭和23.4.1生まれ	報酬比例部分 → 老齢厚生年金 定額部分 → 老齢基礎年金
		62歳 ────── 65歳
昭和18.4.2～昭和20.4.1生まれ	昭和23.4.2～昭和25.4.1生まれ	報酬比例部分 → 老齢厚生年金 定額部分 → 老齢基礎年金
		63歳 ── 65歳
昭和20.4.2～昭和22.4.1生まれ	昭和25.4.2～昭和27.4.1生まれ	報酬比例部分 → 老齢厚生年金 定額部分 → 老齢基礎年金
		64歳 65歳
昭和22.4.2～昭和24.4.1生まれ	昭和27.4.2～昭和29.4.1生まれ	報酬比例部分 → 老齢厚生年金 定額部分 → 老齢基礎年金
		65歳
昭和24.4.2～昭和28.4.1生まれ	昭和29.4.2～昭和33.4.1生まれ	報酬比例部分 → 老齢厚生年金 老齢基礎年金

報酬比例部分の支給開始時期引き上げスタート

男性	女性	
		61歳 ────── 65歳
昭和28.4.2～昭和30.4.1生まれ	昭和33.4.2～昭和35.4.1生まれ	報酬比例部分 → 老齢厚生年金 老齢基礎年金
		62歳 ── 65歳
昭和30.4.2～昭和32.4.1生まれ	昭和35.4.2～昭和37.4.1生まれ	報酬比例部分 → 老齢厚生年金 老齢基礎年金
		63歳 65歳
昭和32.4.2～昭和34.4.1生まれ	昭和37.4.2～昭和39.4.1生まれ	報酬比例部分 → 老齢厚生年金 老齢基礎年金
		64歳 65歳
昭和34.4.2～昭和36.4.1生まれ	昭和39.4.2～昭和41.4.1生まれ	報酬比例部分 → 老齢厚生年金 老齢基礎年金
		65歳
昭和36.4.2以降生まれ	昭和41.4.2以降生まれ	老齢厚生年金 老齢基礎年金

加給年金と振替加算

厚生年金保険独自の給付である

　加給年金とは、厚生年金の受給者に配偶者（内縁関係も含む）や高校卒業前の子がいるときに支給される年金です。支給額も大きく、国民年金にはない厚生年金保険独自のメリットです。「子」とは、具体的には、18歳になった後最初の３月31日までにある者、または20歳未満で障害等級１級・２級に該当する者で、どちらも未婚の場合をいいます。

　ただ、加給年金は、配偶者が65歳になって配偶者自身の老齢基礎年金がもらえるようになると支給が打ち切られます。その後、加給年金は配偶者自身の老齢基礎年金に振替加算という年金給付に金額が変わり、加算されて支給されることになります（次ページ図）。

加給年金の対象と支給要件はどうなっているか

　加給年金の支給対象者は、次の要件に該当する者です。

① 　年金を受け取っている者（特別支給の老齢厚生年金の場合は、定額部分の支給開始の年齢以降であること）

② 　厚生年金保険の加入期間が20年以上ある者

③ 　一定の要件を満たす配偶者や子の生計を維持している者

　なお、②の加入期間20年以上というのは原則であり、これには特例があります。生年月日に応じて、男性で40歳（女性は35歳）を過ぎてからの厚生年金保険加入期間が15年〜19年あれば受給資格が得られます。

　③の「一定の要件を満たす配偶者」とは以下の者です。

ⓐ 　配偶者について、前年度の年収が850万円未満であること（ただ

し、現在の年収が850万円以上でも、収入額がおおむね5年以内に850万円未満になると認められる場合など、一定の場合には支給される）

ⓑ 配偶者がすでに老齢年金などを受給している場合は、その年金の加入期間が20年未満であること

ⓒ 65歳未満である

　ⓑの要件により、配偶者が長期在職（加入期間20年以上かそれと同等とみなされるもの）、または障害を給付事由とする年金の受給権がある場合は、受給の有無にかかわらず支給が停止されます。

■ 加給年金と振替加算の例 ‥‥‥‥‥‥‥‥‥‥‥‥‥‥‥‥

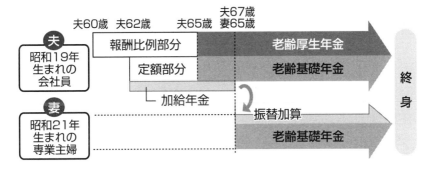

■ 加給年金がもらえる条件 ‥‥‥‥‥‥‥‥‥‥‥‥‥‥‥‥

妻の条件 ▶
①厚生年金に**20年以上加入した年金をもらっていない**
②**65歳未満**である
③**年収850万円未満**である

＋

夫の条件 ▶
①厚生年金に**20年以上加入している**
②**生計維持している配偶者**がいる

6 老齢厚生年金の受給額の調整

● 高齢者が働いている場合

　老齢厚生年金はもらい過ぎにならないように、他の給付との間で、受給額を調整するしくみが整えられています。年金受給者がまだ会社などで働いていて給与を得ている場合など、年金受給者に収入がある場合、その人の給与収入に応じて減額されます。これを在職老齢年金といいます。

　今まで在職老齢年金は、「60歳から64歳まで」と、「65歳以降」とで計算式が異なっていましたが、令和4年4月からは「60歳から64歳まで」の人は「65歳以降」の人の計算式と同じになり、これにより60歳以上の人はすべて統一した計算式になります。具体的には、今まで60歳から64歳までの人は、給与収入が28万円を超えると受給する年金が減額されていましたが、今後は65歳以上の人と同じように、給与収入が47万円までは受給する年金が減額されないしくみとなりました。

　なお、収入の少ない妻や子がいる場合に、老齢厚生年金に付加して支給される加給年金（122ページ）の金額は働いていても減額されません。ただし、在職老齢年金の調整により年金額がゼロになる場合は、加給年金も支給されません。

　一方で、厚生年金が適用されない事業所で働く、厚生年金の被保険者に該当しない労働時間数で働く、個人事業主になるといった形態で働く場合は、厚生年金の被保険者にならないので、在職老齢年金による老齢厚生年金の減額はされません。

● 基本月額と総報酬月額相当額の関係で決まる

　60歳以上の在職老齢厚生年金のしくみは、基本月額と総報酬月額相

当額の合計額が48万円を超えているかを基にして判断します。

　基本月額とは、受給している老齢厚生年金額（加給年金を除く）を12で割って月額換算した額のことです。

　総報酬月額相当額とは、その月の標準報酬月額と、その月以前1年間の標準賞与額の合計額を12で割った額のことです。

　年金受給者が給与収入を得ていても、総報酬月額相当額と基本月額の合計額が48万円に達するまでは年金の全額が支給されます。

　総報酬月額相当額と基本月額の合計額が48万円を上回る場合は、48万円を上回る部分について総報酬月額相当額の半額に該当する年金額が停止されます。

　厚生年金被保険者で老齢厚生年金を受けている70歳未満の方が退職して1か月を経過した場合、退職した翌月分の年金額から見直されます。また、厚生年金被保険者で老齢厚生年金を受けている70歳未満の方が70歳に到達したときは、70歳到達した日の翌月分の年金額から見直されます。

　なお、在職老齢年金については給与収入がある場合に支給が停止されるのは老齢厚生年金だけであり、老齢基礎年金のほうは全額が支給されます。

■ 60歳以上の在職老齢年金のしくみ ………………………………

年金の基本月額 と 給与の総報酬月額の合計額 48万円を

越える	年金の支給停止額 （総報酬月額相当額＋基本月額－48万円）×1/2 48万円を超えた部分の半額が停止される
越えない	年金の支給停止額　　0円　　全額支給される

● 雇用保険の基本手当を受給する場合

　老齢厚生年金の受給権は、早ければ60歳で発生しますが、60歳を過ぎても働く意思がある場合、年金とともに、雇用保険の基本手当を受給する人がいます。ただし、働かないことを前提としている年金と、働くことを前提としている雇用保険の手当を両方受給するというのは制度の意味合いにそぐわないため、両方受給できる者については、どちらか一方しか受給することができないしくみとなっています。

　ハローワークで求職の申込みを行った日の属する月の翌月から失業給付の受給期間が経過した日（または失業給付の所定給付日数が終わった日）の属する月まで、年金が全額支給停止されます。また、求職の申込みをした後で、基本手当を受けていない月がある場合、その月の分についての年金はすぐには支給されず、3か月程度後に支給されます。また、年金の支払い開始は、基本手当の受給期間経過後、3か月程度後となります。

● 雇用保険の高年齢雇用継続給付を受給する場合

　60歳で定年年齢を迎え、継続雇用制度により再雇用される場合には、賃金の見直しが行われるのが一般的です（再雇用制度にかかわらず60歳以降を境に賃金の減額がある場合も含みます）。見直し後の賃金額が、これまでの賃金額の75%未満に低下した場合には、雇用保険から高年齢雇用継続給付が支給されます。高年齢雇用継続給付には、高年齢雇用継続基本給付金と高年齢再就職給付金があります。これらの給付金と、65歳未満の特別支給の老齢厚生年金は調整が行われ、年金の方を減額します。

　また、雇用されている場合は、在職老齢年金のしくみも適用されます。まず、在職老齢年金のしくみで減額する年金額を決め、その減額された年金額についてさらに高年齢雇用継続給付と調整します。

第5章

ケース別　算定基礎届・
月額変更届の書き方

社会保険料の見直しと算定基礎届の作成

● 算定基礎届の役割

　定時決定時には算定基礎届を事業所管轄の年金事務所に提出します。算定基礎届は個々の労働者の標準報酬月額を決定し、毎月の保険料額を決定する際に使用します。

　「算定基礎届」提出の際に忘れてはならないのが、「厚生年金保険70歳以上被用者算定基礎届」です。原則として70歳以上の人は、厚生年金保険の被保険者として対象とはなりませんが、在職老齢年金の対象者であることには変わりはありません。したがって、70歳以降も、70歳未満の場合と同じ計算方法で、収入により年金の支給が停止されることになります。ところが、年金事務所に「算定基礎届」を提出するのは、75歳になるまで（健康保険組合加入の会社であれば70歳になるまで）ですので、その後は、年金事務所が厚生年金保険の加入対象とならなくなった人の報酬額を把握することができなくなります。

　そこで、70歳以上の人の年金の支給調整をするための報酬額を把握するために提出するのが、「厚生年金保険　70歳以上被用者算定基礎届」です。75歳以上（健康保険組合加入の会社は70歳以上）の人がいる会社で「算定基礎届」を提出する際は、忘れずに記入した上で、提出しましょう。

● 標準報酬月額の見直しを図る手続きがある

　会社などの多くの事業所では、４月から従業員の給与を昇給させるのが一般的になっています。昇給があった場合、今まで徴収していた社会保険料（健康（介護）保険・厚生年金保険の保険料）の額（標準報酬月額）が改定された給与の額に見合わないものになってしまいま

す。そこで、昇給により給与額が改定されることに併せて、標準報酬月額も見直しを図ることになっています。

社会保険は、被保険者の標準報酬月額に保険料率を乗じて算出します。標準報酬月額とは、給与額をいくつかの報酬枠に区分したものです。標準報酬月額の決め方には、以下の3つの方法があります。

① **資格取得時決定**

事業所で新規採用した労働者や新たに社会保険の被保険者となることになった労働者について、給与から控除する社会保険料の額を決定するための方法です。新規採用者については給与の支給実績がないので、労働契約などで決められた給与額に残業代の見込額などを加えた額によって決定します。

② **定時決定**

事業所に7月1日時点で在籍している被保険者を対象に4月～6月の3か月間に支払われた給与額により決定する方法です。

定時決定は法律上、7月1日～10日までに届け出ることとされています。届け出る書類は、「健康保険・厚生年金保険被保険者標準報酬月額算定基礎届」(一般的には「算定基礎届」と略されています)です。

6月1日から7月1日までに被保険者資格を取得した労働者については、固定的賃金の変更がなければ、採用時に決定した標準報酬月額を翌年の定時決定まで使用するため、定時決定の対象から外します。

また、後述する③の随時改定によって、7月～9月の間に標準報酬月額の変更が予定されている労働者についても定時決定の対象とはなりません。なお、病気などで長期間休職している場合のように、4月～6月の3か月間に給与支払基礎日数(給与計算の対象となる日数のこと)がなかった労働者については、従前(前年)の標準報酬月額を基に保険者(協会けんぽ、日本年金機構など)が算定する額を適用しますが、通常の場合、従前(前年)と同額になります。

算定基礎届に関するケースごとの記載例と書式の作成ポイントについては後述します。

③　随時改定

年の途中で固定的賃金が変更し、給与額が大幅に変動した場合に行う改定方法です。固定的賃金の変更などが行われた月以降の３か月間の平均給与額による標準報酬月額が、それまでの標準報酬月額と比べて２等級以上の差が生じた場合に随時改定を行います（随時改定の際、届出を行う健康保険厚生年金保険被保険者報酬月額変更届の記載例については、149ページ参照）。

なお、固定的賃金の変更とは、昇給または減給、賃金体系の変更（日給制から月給制に変わった、役付手当などの手当が新たに支給されることになった）などのことをいいます。

⬤ ケース別算定基礎届の書き方

ケース１　４〜６月の給与が同額の場合

書式１は、以下のケースで会社の担当者が作成する算定基礎届です。

被保険者数：３人（社長山田一郎及び労働者佐藤二恵、鈴木三佳）
従業員の労働形態：大卒後入社、正社員（10年勤務）
報酬：山田一郎については月50万円、佐藤二恵・鈴木三佳については月25万円。
従業員への支払形態：20日締め、25日支払い、現金払い。
その他の手当等：時間外労働はないため残業代や休日出勤手当の支払いはない。また、通勤手当や資格手当など諸手当の支給もない。

書式の作成ポイント

支払基礎日数が17日以上ある月の報酬の平均額を算出します。日本年金機構から送られてくる届出用紙には、５月中旬頃までに資格取得

している者はすべてプリントされていますが、その内容が間違っている場合は、「氏名変更（訂正）届」または「生年月日訂正届」を別途届け出るようにしましょう。

ケース2　正社員とパートタイム労働者がいる場合

書式2は、以下のケースで会社の担当者が作成する算定基礎届です。

被保険者数：8人（社長山田一郎の他、労働者佐藤二恵・鈴木三佳・田中美四子・伊藤啓五・山本豊六・小林七海・加藤八重の計8人）

従業員の労働形態：佐藤二恵・鈴木三佳については大卒後入社。正社員（10年勤務）。田中美四子・伊藤啓五については大卒後入社。正社員（5年勤務）、山本豊六・小林七海・加藤八重については中途採用。パートタイム労働者（3年勤務）。

報酬：田中美四子・伊藤啓五については月20万円、山本豊六・小林七海・加藤八重については時間給1,100円（1日8時間勤務）。

従業員への支払形態：20日締め、25日支払い、現金払い。

その他の手当等：時間外労働はないため残業代や休日出勤手当の支払いはない。また、通勤手当や資格手当など諸手当の支給もない。

出勤日数：山本豊六については4月＝15日、5月＝16日、6月＝17日、小林七海については4月＝16日、5月＝15日、6月＝14日、加藤八重については4月＝14日、5月＝17日、6月＝13日。

書式の作成ポイント

支払基礎日数が17日以上ある月の報酬の平均額を算出します。

①から③、⑤と⑥の欄には、取得手続きがデータに反映されている者はすべてプリントされていますが、その内容が間違っている場合は、年金事務所への確認が必要です。

山本豊六、小林七海、加藤八重のようなパートタイム労働者など、日

給や時給で報酬額を決定する者については、⑩欄には出勤日数を記入します。また、⑭欄の報酬月額の総計や⑮欄の平均額の算定の方法も正社員と異なります。支払基礎日数が17日以上の月がまったくなかった場合でも、15日以上の月が1か月でもあれば、その月だけで算定します。

そして本ケースにはいませんが、15日以上の月が1か月もない場合には、従前の標準報酬額を基に保険者が決定しますので⑭欄や⑮欄は記入を省略します（特定適用事業所の短時間労働者を除く）。また、⑱欄には、「7.パート」を○で囲みましょう。

ケース3　短時間労働者がいる場合①

書式3は、以下のケースで会社の担当者が作成する算定基礎届です。

被保険者数：5人（社長山田一郎の他、労働者佐藤二恵・鈴木三佳・伊藤啓五・佐々木六美の計5人）

従業員の労働形態：佐藤二恵・鈴木三佳については大卒後入社。正社員（10年勤務）。伊藤啓五については大卒後入社。正社員（5年勤務）。佐々木六美については、短時間労働者（3年勤務）。

報酬：佐々木六美については時間給1,100円（1日8時間、月11日勤務の短時間労働者）。

従業員への支払形態：20日締め、25日支払い、現金払い。

その他の手当等：時間外労働はないため残業代や休日出勤手当の支払いはない。また、通勤手当や資格手当など諸手当の支給もない。

書式の作成ポイント

短時間労働者とは、特定適用事業所（厚生年金保険の被保険者数が101人以上（令和6年10月からは51人以上）の会社）、または国・地方公共団体に属する事業所に勤務し、次の要件をすべて満たす短時間労働者のことをいいます。

① 週の所定労働時間が20時間以上30時間未満
② 雇用期間が継続して2か月を超えることが見込まれている
③ 月額の賃金が88,000円以上である
④ 学生ではない

　短時間労働者に該当するパート・アルバイトがいる場合は、支払基礎日数が11日以上ある月の報酬の平均額を算出します。本ケースでは、5月と6月の支払基礎日数が11日以上なので、5月と6月の2か月分が算定の対象となります。⑱欄は、「6.短時間労働者」を○で囲みます。パート・アルバイトであっても短時間労働者に該当する場合は、「7.パート」ではないので、注意が必要です。

ケース4　短時間労働者がいる場合②（算定期間中に被保険者区分が変更になった場合）

　書式4は、以下のケースで会社の担当者が作成する算定基礎届です。

> **被保険者数**：5人（社長山田一郎の他、労働者佐藤二恵・鈴木三佳・伊藤啓五・佐々木六美の計5人）
> **従業員の労働形態**：佐々木六美については、5月1日に雇用形態が正社員から短時間労働者へ変更。
> **報酬**：佐々木六美については、4月末日まで月17万円（正社員）、5月1日からは、時間給1,100円（1日8時間、月11日勤務の短時間労働者）。
> **従業員への支払形態**：20日締め、25日支払い、現金払い。
> **その他の手当等**：時間外労働はないため残業代や休日出勤手当の支払いはない。また、通勤手当や資格手当など諸手当の支給もない。

書式の作成ポイント

　算定期間中に被保険者区分（短時間労働者であるかないか）が変更になった場合は、報酬の計算期間の末日における被保険者区分に応じ

た支払基礎日数により算定します。

　本ケースの場合は、４月末日までが正社員であるため、４月については、支払基礎日数が17日以上のものが算定の対象となります。５月１日からは短時間労働者に雇用形態が変更になったため、５月と６月については支払基礎日数が11日以上のものが算定の対象となります。

　本ケースでは、正社員であった４月の支払基礎日数が15日のため、算定の対象から外します。短時間労働者へと変更された５月と６月は、５月の支払基礎日数は11日なので算定の対象となり、６月の支払基礎日数は10日なので、算定の対象から外します。そのため、５月の報酬月額のみで算定することとなります。⑱欄は、「6.短時間労働者」を○で囲み、「9.その他」には、「５月　短時間」と記入します。

ケース５　手当や残業代、賞与の支給がある場合

　書式５は、以下のケースで会社の担当者が作成する算定基礎届です。

被保険者数：５人（ケース１の山田一郎・佐藤二恵・鈴木三佳・田中美四子・伊藤啓五）

従業員の労働形態：佐藤二恵・鈴木三佳については大卒後入社。

報酬：月額報酬として、山田一郎に月50万円、佐藤二恵・鈴木三佳に月25万円、田中美四子・伊藤啓五に月20万円支給。それに加えて、佐藤二恵については業績手当４月＝１万円、５月＝5,000円、６月＝3,000円、鈴木三佳については現物支給５月＝8,000円、６月＝4,000円、田中美四子については残業手当４月＝6,000円、６月＝9,000円、伊藤啓五については賞与（年４回以上）支給実績あり（令和４年８月＝10万円、令和４年11月＝25万円、令和５年２月＝10万円、令和５年５月＝15万円）。

従業員への支払形態：20日締め、25日支払い、現金払い。

その他の手当等：上記以外なし。

書式の作成ポイント

　佐藤二恵の業績手当、田中美四子の残業手当であっても、基本給同様、支給のあった月の報酬月額に算入します。手当で忘れがちなのが通勤手当ですが、これも報酬の一部として同様に算入します。鈴木三佳への支給のように昼食などの現物給与を支給しているときは、事業所の所在する都道府県の標準価格により算定した額を⑫欄に記入します。なお、本人負担がある場合は、その分を差し引いて算出しますが、本人負担が3分の2以上の場合は報酬とはみなされません。

　伊藤啓五については、7月1日を基準に過去1年間に4回以上賞与の支給実績があった場合の記載ですが、賞与の総額を12で割った額を各月の報酬月額に加えて処理します。また、備考には、「賞与」、支給月、12等分した額を記載しておきます。

ケース6　昇給、遡り昇給、保険者算定の申立てがある場合

　書式は、以下のケースで会社の担当者が作成する算定基礎届（書式6）、年間報酬の平均で算定することの申立書（書式7）、被保険者の同意等に関する書面（書式8）です。

> **被保険者数**：4人（山田一郎、佐藤二恵、鈴木三佳、田中美四子）
> **従業員の労働形態**：佐藤二恵、鈴木三佳は、大卒後入社。正社員（10年勤務）。田中美四子については、大卒後入社。正社員（5年勤務）。
> **報酬**：山田一郎については月50万円、佐藤二恵については月25万円が4月1日付昇給により月26万円に変更。鈴木三佳については月25万円が2月1日付昇給により月26万円になるものの、5月の支給日に過月分の昇給差額を合わせてさかのぼって支給する（遡り昇給）。田中美四子の業務については、4月〜6月の3か月間は、例年繁忙のため、支給額が36万円となるが、その他の月については支給

月額20万円となる。

従業員への支払形態：末日締め、翌月10日支払い、現金払い

その他の手当等：佐藤二恵、鈴木三佳については残業・手当なし。田中美四子については、4～6月の3か月間は残業代が支払われている。

書式の作成ポイント

① 算定基礎届

　本書式は、ケース1～2と異なり、支払形態が「末日締め、翌月10日支払い」ですが、4月分の報酬算定の基礎となるのは3月1日～31日であるため、4月分の報酬支払基礎日数は「31日」となります。同様に、5月分は「30日」、6月分は「31日」となります。佐藤二恵は、4月1日付で昇給しているのですが、実際の昇給額の支給は5月10日となることから、4月の報酬月額は、昇給前の額となります。

　昇給があった場合に、昇給分を昇給月から支給せずに、実際に昇給分を支給する月に過去の昇給差額を上乗せして支給することを遡り昇給（遡り支給）といいます。本ケースの鈴木三佳は、2月1日付、つまり3月支給分から昇給されるものの、5月の支給時に3月、4月の2か月の昇給分も支給されたという遡り昇給が行われた事例です。算定基礎届には、3月と4月の2か月の昇給分（合計2万円）を5月の報酬月額に算入します（26万円＋2万円＝28万円）。その上で⑯欄の修正平均額には、遡及支払額（本ケースでは3月分の10,000円）を除いた平均額を記入します。また、⑧欄には「遡及支払額」（本ケースでは「10,000円」）を記載します。なお、⑮と⑯欄の平均額に小数点以下の端数が生じた場合には、切り捨てます。

　田中美四子については、後述する保険者算定を申し立てるため、⑯欄に年間の報酬に基づく標準報酬月額（修正平均額、本ケースでは24万円）を記載し、備考欄（⑱欄）の「8．年間平均」を○で囲みます。

② 申立書、同意書

4〜6月の3か月間の報酬額で社会保険料を算定することが困難な場合や著しく不当な結果が生じる場合、保険者が報酬月額を算定し、標準報酬月額を決定します。これを保険者算定といいます。

「当年の4月、5月、6月の3か月間に受けた報酬の月平均額から算出した標準報酬月額」と「前年の7月から当年の6月までの間に受けた報酬の月平均額から算出した標準報酬月額」の間に2等級以上の差を生じた場合で、その差が業務の性質上例年発生することが見込まれる場合に保険者算定の申立てを行うことができます。申立てを行う場合、算定基礎届に、該当する労働者についての申立書と同意書を添付します。本ケースでは、決算後の事務処理や法人税の事務処理で4〜6月が例年繁忙期であることを想定して記載をしていますが、例年4〜6月が閑散期で報酬額が格段に低いといったような場合にもこの手続きを利用することができます。

申立書には、業務の内容や労働時間の状況を記載し、年間平均の申立てを行うことができるケースであることを示します。同意書には、前年7月〜当年6月までの報酬金額を記載し、前年7月〜当年6月までの報酬金額に基づく社会保険料の等級と、当年4月〜6月までの報酬金額に基づく社会保険料の等級を記載し、両者の間に2等級以上の差があることがわかるようにします。末尾の同意欄には、手続きを利用する労働者に記名をしてもらいます。

ケース7　休業により休職している従業員がいる場合

書式9は、以下のケースで会社の担当者が作成する算定基礎届です。

被保険者数：3人（社長山田一郎及び労働者佐藤二恵、鈴木三佳）
従業員の労働形態：大卒後入社。正社員（10年勤務）。
報酬：山田一郎については月50万円、佐藤二恵・鈴木三佳につい

ては月25万円。

従業員への支払形態：20日締め、25日支払い、現金払い

その他の手当等：時間外労働はないため残業代や休日出勤手当の支払いはない。また、通勤手当や資格手当など諸手当の支給もない。

勤怠状況：佐藤二恵については令和4年10月1日より1年間の予定で育児休業中により報酬の支払なし。鈴木三佳については令和5年5月10日から5月20日までの11日間私疾病による欠勤により報酬の支払なし。

書式の作成ポイント

　佐藤二恵では、育児休業のため算定期間中（4〜6月）に支給された報酬がなかったため、各月の支払基礎日数と報酬月額にはすべて「0」を記入し、⑭、⑮欄は記入せず空欄のままとします。また、⑱欄の5.病休・育休・休職等に○をして、9.その他には、「R4.10.1より育児休業中」と記載します。標準報酬は従前の標準報酬月額で決定されます。

　鈴木三佳については、5月に私疾病による欠勤で賃金カットとなった日が含まれる場合ですが、支払基礎日数には暦日数から欠勤で賃金カットされた日数を除いた日数を記入します。報酬月額にも同様に欠勤でカットされた賃金額を除いた額を記入します。なお、⑱欄の5.病休・育休・休職等に○をして、9.その他には「R5.5.10からR5.5.20まで欠勤」と記載します。

書式1 4～6月の給与が同額の場合

※ ⑨支給月とは、給与の対象となった計算月ではなく実際に給与の支払いを行った月となります。

書式2　従業員にパートタイム労働者がいる場合

様式コード 2 2 2 5	健康保険 厚生年金保険	被保険者報酬月額算定基礎届
	厚生年金保険	70歳以上被用者算定基礎届

令和 5 年 7 月 10 日提出

事業所整理記号　5 5 ヤケサ

届書記入の個人番号に誤りがないことを確認しました。

受付印

提出者記入欄

事業所所在地　〒160-0000　東京都新宿区○○1-1-1

事業所名称　株式会社　山田印刷

事業主氏名　代表取締役　山田　一郎

電話番号　03（5555）5555

社会保険労務士記載欄　氏名等

項目名	① 被保険者整理番号	② 被保険者氏名	③ 生年月日	④ 適用年月	⑰ 個人番号[基礎年金番号] ※70歳以上被用者の場合のみ
	⑤ 従前の標準報酬月額	⑥ 従前改定月	⑦ 昇（降）給	⑧ 遡及支払額	
		報酬月額	⑯ 総計（一定の基礎日数以上の月のみ）		⑱ 備考
⑨支給月	⑩給与計算の基礎日数	⑪ 通貨によるものの額	⑫ 現物によるものの額	⑬ 合計（⑪+⑫）	⑰ 平均額
					⑮ 修正平均額

1

1	② 山田 一郎	③ 5-450605	④ 5年9月	⑰
⑤健 500千円　厚 500千円	⑥ 4年9月	⑦昇（降）給 1.昇給 2.降給	⑧遡及支払額 月	
⑨支給月 ⑩日数	⑪通貨	⑫現物	⑬合計（⑪+⑫）	⑭総計
4月 31日	500,000円	0円	500,000円	1,500,000円	1.70歳以上被用者算定（算定基礎月：月　月） 2.二以上勤務 3.月額変更予定 4.途中入社 5.病休・育休・休職等 6.短時間労働者（特定適用事業所等） 7.パート 8.年間平均 9.その他（ ）
5月 30日	500,000円	0円	500,000円	⑭平均額 500,000円
6月 31日	500,000円	0円	500,000円	⑮修正平均額

2

2	② 佐藤 二恵	③ 7-021220	④ 5年9月	⑰
⑤健 260千円　厚 260千円	⑥ 4年9月	⑦昇（降）給 1.昇給 2.降給	⑧遡及支払額 月	
⑨支給月 ⑩日数	⑪通貨	⑫現物	⑬合計（⑪+⑫）	⑭総計
4月 31日	250,000円	0円	250,000円	750,000円	1.70歳以上被用者算定（算定基礎月：月　月） 2.二以上勤務 3.月額変更予定 4.途中入社 5.病休・育休・休職等 6.短時間労働者（特定適用事業所等） 7.パート 8.年間平均 9.その他（ ）
5月 30日	250,000円	0円	250,000円	⑭平均額 250,000円
6月 31日	250,000円	0円	250,000円	⑮修正平均額

3

3	② 鈴木 三佳	③ 7-021010	④ 5年9月	⑰
⑤健 260千円　厚 260千円	⑥ 4年9月	⑦昇（降）給 1.昇給 2.降給	⑧遡及支払額 月	
⑨支給月 ⑩日数	⑪通貨	⑫現物	⑬合計（⑪+⑫）	⑭総計
4月 31日	250,000円	0円	250,000円	750,000円	1.70歳以上被用者算定（算定基礎月：月　月） 2.二以上勤務 3.月額変更予定 4.途中入社 5.病休・育休・休職等 6.短時間労働者（特定適用事業所等） 7.パート 8.年間平均 9.その他（ ）
5月 30日	250,000円	0円	250,000円	⑭平均額 250,000円
6月 31日	250,000円	0円	250,000円	⑮修正平均額

4

4	② 田中 美四子	③ 7-070430	④ 5年9月	⑰
⑤健 200千円　厚 200千円	⑥ 4年9月	⑦昇（降）給 1.昇給 2.降給	⑧遡及支払額 月	
⑨支給月 ⑩日数	⑪通貨	⑫現物	⑬合計（⑪+⑫）	⑭総計
4月 31日	200,000円	0円	200,000円	600,000円	1.70歳以上被用者算定（算定基礎月：月　月） 2.二以上勤務 3.月額変更予定 4.途中入社 5.病休・育休・休職等 6.短時間労働者（特定適用事業所等） 7.パート 8.年間平均 9.その他（ ）
5月 30日	200,000円	0円	200,000円	⑭平均額 200,000円
6月 31日	200,000円	0円	200,000円	⑮修正平均額

5

5	② 伊藤 啓五	③ 7-080215	④ 5年9月	⑰
⑤健 200千円　厚 200千円	⑥ 4年9月	⑦昇（降）給 1.昇給 2.降給	⑧遡及支払額 月	
⑨支給月 ⑩日数	⑪通貨	⑫現物	⑬合計（⑪+⑫）	⑭総計
4月 31日	200,000円	0円	200,000円	600,000円	1.70歳以上被用者算定（算定基礎月：月　月） 2.二以上勤務 3.月額変更予定 4.途中入社 5.病休・育休・休職等 6.短時間労働者（特定適用事業所等） 7.パート 8.年間平均 9.その他（ ）
5月 30日	200,000円	0円	200,000円	⑭平均額 200,000円
6月 31日	200,000円	0円	200,000円	⑮修正平均額

※ ⑨支給月とは、給与の対象となった計算月ではなく実際に給与の支払いを行った月となります。

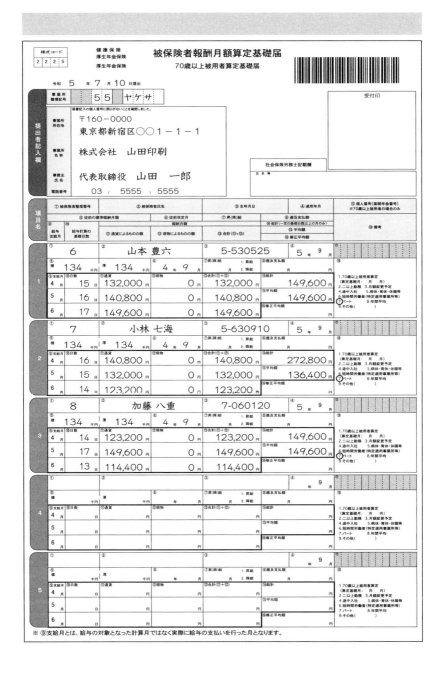

※ ⑨支給月とは、給与の対象となった計算月ではなく実際に給与の支払いを行った月となります。

書式3　短時間労働者がいる場合①

様式コード 2 2 2 5	健康保険 厚生年金保険 厚生年金保険	被保険者報酬月額算定基礎届 70歳以上被用者算定基礎届

令和 5 年 7 月 10 日提出

提出者記入欄

事業所整理記号　5 5　ヤケサ

帳票記入の個人番号に誤りがないことを確認しました。

事業所所在地　〒160-0000　東京都新宿区○○1-1-1

事業所名称　株式会社　山田印刷

事業主氏名　代表取締役　山田　一郎

電話番号　03（ 5555 ） 5555

受付印

社会保険労務士記載欄　氏名等

① 被保険者整理番号	② 被保険者氏名	③ 生年月日	④ 適用年月	⑩ 個人番号[基礎年金番号] ※70歳以上被用者の場合のみ
⑤ 従前の標準報酬月額	⑥ 従前改定月	⑦ 昇(降)給	⑧ 遡及支払額	
⑨ 給与支給月 ⑩ 給与計算の基礎日数	⑪ 通貨によるものの額 ⑫ 現物によるものの額	⑬ 合計(⑪+⑫)	⑭ 総計(一定の基礎日数以上の月のみ) ⑮ 平均額 ⑯ 修正平均額	⑱ 備考

1　② 山田 一郎　③ 5-450605　④ 5年 9月
⑤健 500千円　厚 500千円　⑥ 4年 9月　⑦昇(降)給 1.昇給 2.降給　⑧遡及支払額 月 円
給与支給月	日数	通貨	現物	合計⑪+⑫	総計
4月	31日	500,000円	0円	500,000円	1,500,000円
5月	30日	500,000円	0円	500,000円	平均額 500,000円
6月	31日	500,000円	0円	500,000円	修正平均額

⑱ 1.70歳以上被用者算定(算定基礎月: 月 月)　2.二以上勤務　3.月額変更予定　4.途中入社　5.病休・育休・休職等　6.短時間労働者(特定適用事業所等)　7.パート　8.年間平均　9.その他( )

2　② 佐藤 二恵　③ 7-021220　④ 5年 9月
⑤健 260千円　厚 260千円　⑥ 4年 9月　⑦昇(降)給 1.昇給 2.降給　⑧遡及支払額
給与支給月	日数	通貨	現物	合計⑪+⑫	総計
4月	31日	250,000円	0円	250,000円	750,000円
5月	30日	250,000円	0円	250,000円	平均額 250,000円
6月	31日	250,000円	0円	250,000円	修正平均額

⑱ 1.70歳以上被用者算定(算定基礎月: 月 月)　2.二以上勤務　3.月額変更予定　4.途中入社　5.病休・育休・休職等　6.短時間労働者(特定適用事業所等)　7.パート　8.年間平均　9.その他( )

3　② 鈴木 三佳　③ 7-021010　④ 5年 9月
⑤健 260千円　厚 260千円　⑥ 4年 9月　⑦昇(降)給 1.昇給 2.降給　⑧遡及支払額
給与支給月	日数	通貨	現物	合計⑪+⑫	総計
4月	31日	250,000円	0円	250,000円	750,000円
5月	30日	250,000円	0円	250,000円	平均額 250,000円
6月	31日	250,000円	0円	250,000円	修正平均額

⑱ 1.70歳以上被用者算定(算定基礎月: 月 月)　2.二以上勤務　3.月額変更予定　4.途中入社　5.病休・育休・休職等　6.短時間労働者(特定適用事業所等)　7.パート　8.年間平均　9.その他( )

4　② 伊藤 啓五　③ 7-080215　④ 5年 9月
⑤健 200千円　厚 200千円　⑥ 4年 9月　⑦昇(降)給 1.昇給 2.降給　⑧遡及支払額
給与支給月	日数	通貨	現物	合計⑪+⑫	総計
4月	31日	200,000円	0円	200,000円	600,000円
5月	30日	200,000円	0円	200,000円	平均額 200,000円
6月	31日	200,000円	0円	200,000円	修正平均額

⑱ 1.70歳以上被用者算定(算定基礎月: 月 月)　2.二以上勤務　3.月額変更予定　4.途中入社　5.病休・育休・休職等　6.短時間労働者(特定適用事業所等)　7.パート　8.年間平均　9.その他( )

5　② 佐々木 六美　③ 5-630531　④ 5年 9月
⑤健 98千円　厚 98千円　⑥ 4年 9月　⑦昇(降)給 1.昇給 2.降給　⑧遡及支払額
給与支給月	日数	通貨	現物	合計⑪+⑫	総計
4月	10日	88,000円	0円	88,000円	193,600円
5月	11日	96,800円	0円	96,800円	平均額 96,800円
6月	11日	96,800円	0円	96,800円	修正平均額

⑱ 1.70歳以上被用者算定(算定基礎月: 月 月)　2.二以上勤務　3.月額変更予定　4.途中入社　5.病休・育休・休職等　⑥短時間労働者(特定適用事業所等)　7.パート　8.年間平均　9.その他( )

※ ⑨支給月とは、給与の対象となった計算月ではなく実際に給与の支払いを行った月となります。

書式5　手当や残業代、賞与の支給がある場合

| 様式コード 2 2 2 5 | 健康保険 厚生年金保険 厚生年金保険 | 被保険者報酬月額算定基礎届 70歳以上被用者算定基礎届 |

令和　5　年　7　月 10　日提出

提出者記入欄

事業所整理記号　5 5　ヤケサ
基礎記入の個人番号に誤りがないことを確認しました。

事業所所在地　〒160-0000　東京都新宿区○○1-1-1

事業所名称　株式会社　山田印刷

事業主氏名　代表取締役　山田　一郎

電話番号　03（5555）5555

受付印

社会保険労務士記載欄　氏名等

項目名	①被保険者整理番号	②被保険者氏名	③生年月日	④適用年月	⑩個人番号[基礎年金番号] ※70歳以上被用者の場合のみ
	⑤従前の標準報酬月額	⑥従前改定月	⑦昇(降)給	⑧遡及支払額	
	給与支給月　給与計算の基礎日数	⑨通貨によるものの額	⑩現物によるものの額	⑪合計(⑨+⑩) ⑫総計(一定の基礎日数以上の月のみ) ⑬平均額 ⑭修正平均額	⑮備考

1

	① 1	② 山田 一郎	③ 5-450605	④ 5年9月	
	⑤ 健500千円 厚500千円	⑥ 4年9月	⑦ 1.昇給 2.降給	⑧遡及支払額　月　円	⑨
支給月 日数	⑨通貨	⑩現物	⑪合計(⑨+⑩)	⑫総計	1.70歳以上被用者算定 (算定基礎月　月　月) 2.二以上勤務　3.月額変更予定 4.途中入社　5.病休・育休・休職等 6.短時間労働者(特定適用事業所等) 7.パート　8.年間平均 9.その他( )
4月 31日	500,000円	0円	500,000円	1,500,000円	
5月 30日	500,000円	0円	500,000円	⑬平均額 500,000円	
6月 31日	500,000円	0円	500,000円	⑭修正平均額	

2

	① 2	② 佐藤 二恵	③ 7-021220	④ 5年9月	
	⑤ 健260千円 厚260千円	⑥	⑦ 1.昇給 2.降給	⑧遡及支払額　月　円	⑨
支給月 日数	⑨通貨	⑩現物	⑪合計(⑨+⑩)	⑫総計	1.70歳以上被用者算定 (算定基礎月　月　月) 2.二以上勤務　3.月額変更予定 4.途中入社　5.月額変更予定 6.短時間労働者(特定適用事業所等) 7.パート　8.年間平均 9.その他( )
4月 31日	260,000円	0円	260,000円	768,000円	
5月 30日	255,000円	0円	255,000円	⑬平均額 256,000円	
6月 31日	253,000円	0円	253,000円	⑭修正平均額	

3

	① 3	② 鈴木 三佳	③ 7-021010	④ 5年9月	
	⑤ 健260千円 厚260千円	⑥ 4年9月	⑦ 1.昇給 2.降給	⑧遡及支払額　月　円	⑨
支給月 日数	⑨通貨	⑩現物	⑪合計(⑨+⑩)	⑫総計	1.70歳以上被用者算定 (算定基礎月　月　月) 2.二以上勤務　3.月額変更予定 4.途中入社　5.月額変更予定 6.短時間労働者(特定適用事業所等) 7.パート　8.年間平均 9.その他( )
4月 31日	250,000円	0円	250,000円	762,000円	
5月 30日	250,000円	8,000円	258,000円	⑬平均額 254,000円	
6月 31日	250,000円	4,000円	254,000円	⑭修正平均額	

4

	① 4	② 田中 美四子	③ 7-070430	④ 5年9月	
	⑤ 健200千円 厚200千円	⑥	⑦ 1.昇給 2.降給	⑧遡及支払額　月　円	⑨
支給月 日数	⑨通貨	⑩現物	⑪合計(⑨+⑩)	⑫総計	1.70歳以上被用者算定 (算定基礎月　月　月) 2.二以上勤務　3.月額変更予定 4.途中入社　5.月額変更予定 6.短時間労働者(特定適用事業所等) 7.パート　8.年間平均 9.その他( )
4月 31日	206,000円	0円	206,000円	615,000円	
5月 30日	200,000円	0円	200,000円	⑬平均額 205,000円	
6月 31日	209,000円	0円	209,000円	⑭修正平均額	

5

	① 5	② 伊藤 啓五	③ 7-080215	④ 5年9月	
	⑤ 健200千円 厚200千円	⑥ 4年9月	⑦ 1.昇給 2.降給	⑧遡及支払額　月　円	⑨
支給月 日数	⑨通貨	⑩現物	⑪合計(⑨+⑩)	⑫総計	1.70歳以上被用者算定 (算定基礎月　月　月) 2.二以上勤務　3.月額変更予定 4.途中入社　5.月額変更予定 6.短時間労働者(特定適用事業所等) 7.パート　8.年間平均
4月 31日	250,000円	0円	250,000円	750,000円	
5月 30日	250,000円	0円	250,000円	⑬平均額 250,000円	
6月 31日	250,000円	0円	250,000円	⑭修正平均額	⑨その他(賞与 8、11、2、5月) 50,000円

※ ⑨支給月とは、給与の対象となった計算月ではなく実際に給与の支払いを行った月となります。

書式6 昇給、さかのぼり昇給、保険者算定の申立てがある場合

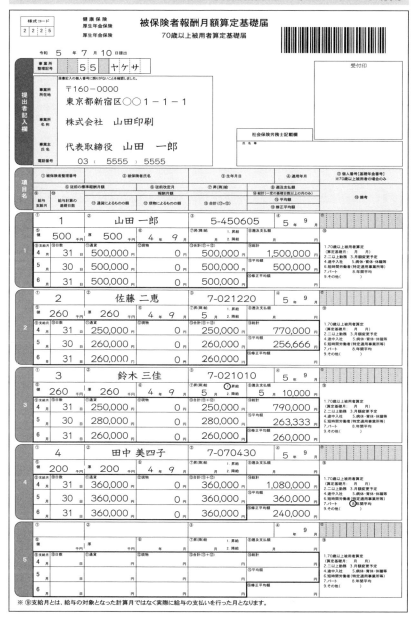

新宿年金事務所長　様

年間報酬の平均で算定することの申立書

　当事業所は印刷業を行っており、（当事業所内の経理部門では、）毎年、３月から５月までの間は、決算後の業務整理、法人税の申告に関する事務処理の理由により繁忙期となることから、健康保険及び厚生年金保険被保険者の報酬月額算定基礎届を提出するにあたり、健康保険法第４１条及び厚生年金保険法第２１条の規定による定時決定の算定方法によると、年間報酬の平均により算出する方法より、標準報酬月額等級について２等級以上の差が生じ、著しく不当であると思料するため、健康保険法第４４条第１項及び厚生年金保険法第２４条第１項における「報酬月額の算定の特例」（年間）にて決定するよう申立てします。

　なお、当事業所における例年の状況、標準報酬月額の比較及び被保険者の同意等の資料を添付します。

令和　５　年　７　月　１０日

　　　　　　　　事業所所在地　　東京都新宿区○○　1-1-1
　　　　　　　　事業所名称　　　株式会社 山田印刷
　　　　　　　　事業主氏名　　　代表取締役　山田一郎
　　　　　　　　連絡先　　　　　０３−５５５５−５５５５

※業種等は正確に、理由は具体的に記入いただくようお願いします。

書式8　被保険者の同意等に関する書面

保険者算定申立に係る例年の状況、標準報酬月額の比較及び被保険者の同意等

【申請にあたっての注意事項】
- この用紙は、算定基礎届をお届けいただくにあたって、年間報酬の平均で決定することを申し立てる場合に必ず提出してください。
- この用紙は、定時決定にあたり、4、5、6月の報酬の月平均と年間報酬の月平均に2等級以上差があり、年間報酬の平均で決定することに同意する方のみ記入してください。
- また、被保険者の同意を得ている必要がありますので、同意欄に被保険者の氏名を記入してください。
- なお、標準報酬月額は、年金や傷病手当金など、被保険者が受ける保険給付の額にも影響を及ぼすことにご留意下さい。

事業所整理記号	55 ヤケサ	事業所名称	株式会社山田印刷

被保険者整理番号	被保険者の氏名	生 年 月 日	種別
4	田中美四子	平成7年4月30日	2

【前年7月～当年6月の報酬額等の欄】

算定基礎月の報酬支払基礎日数		通貨によるものの額	現物によるものの額	合計
令和4年 7月	30 日	200,000 円	0 円	200,000 円
令和4年 8月	31 日	200,000 円	0 円	200,000 円
令和4年 9月	31 日	200,000 円	0 円	200,000 円
令和4年 10月	30 日	200,000 円	0 円	200,000 円
令和4年 11月	31 日	200,000 円	0 円	200,000 円
令和4年 12月	30 日	200,000 円	0 円	200,000 円
令和5年 1月	31 日	200,000 円	0 円	200,000 円
令和5年 2月	31 日	200,000 円	0 円	200,000 円
令和5年 3月	28 日	200,000 円	0 円	200,000 円
令和5年 4月	31 日	360,000 円	0 円	360,000 円
令和5年 5月	31 日	360,000 円	0 円	360,000 円
令和5年 6月	31 日	360,000 円	0 円	360,000 円

【標準報酬月額の比較欄】※全て事業主が記入してください。

	健 康 保 険	厚 生 年 金 保 険
従前の標準報酬月額	200 千円	200 千円

前年7月～本年6月の合計額（※）	前年7月～本年6月の平均額（※）	健 康 保 険		厚 生 年 金 保 険	
		等級	標準報酬月額	等級	標準報酬月額
2,880,000円	240,000 円	19	240 千円	16	240 千円

本年4月～6月の合計額（※）	本年4月～6月の平均額（※）	健 康 保 険		厚 生 年 金 保 険	
		等級	標準報酬月額	等級	標準報酬月額
1,080,000円	360,000 円	25	360 千円	22	360 千円

2等級以上（○又は×）	修 正 平 均 額（※）	健 康 保 険		厚 生 年 金 保 険	
		等級	標準報酬月額	等級	標準報酬月額
○	240,000 円	19	240 千円	16	240 千円

【標準報酬月額の比較欄】の（※）部分を算出する場合は、以下にご注意ください。
① 支払基礎日数17日未満（短時間労働者は11日未満）の月の報酬は除く。
② 短時間就労者の場合は、「通常の方法で算出した標準報酬月額」（当年4月～6月）の支払基礎日数を17日以上の月の報酬の平均額とした場合には、「年間平均で算出した標準報酬月額」（前年7月～当年6月）も17日以上の月の報酬の平均。
　ただし、被保険者区分が短時間労働者で支払基礎日数が11日以上の月があれば、その月も年間平均の算定の対象月とする。
　「通常の方法で算出した標準報酬月額」の支払基礎日数が17日以上でないので、15日以上17日未満の月の報酬の平均額とした場合には、「年間平均で算出した標準報酬月額」は、支払基礎日数が15日以上の月の報酬の平均。
　ただし、被保険者区分が短時間労働者で支払基礎日数が11日以上である月があれば、その月も年間平均の算定の対象とすること。
③ 低額の休職給を受けた月、ストライキによる賃金カットを受けた月及び一時帰休に伴う休業手当等を受けた月を除く。
④ 給与の支払いに遅延がある場合は
　ア　前年6月分以前に支払うべきであった給与の遅配分を前年7月～当年6月までに受けた場合は、その遅配分に当たる金額の報酬を除く。
　イ　前年7月～本年6月までの間に本来支払うはずの報酬の一部が、当年7月以降に支払われることになっている場合は、その支払うはずだった月を除く。
⑤ この保険者算定に該当する場合は、「修正平均額」には、「前年7月～本年6月の平均額」を記入。
⑥ 上記①～④に該当した場合は、その旨を【備考欄】に記入。

【被保険者の同意欄】
私は本年の定時決定にあたり、年間報酬額の平均で決定することを希望しますので、当事業所が申し立てすることに同意します。

被保険者氏名　　田中美四子

【備考欄】

書式9　休業により休職している従業員がいる場合

給料に大幅に変更があったときには変更届を提出する

● 標準報酬月額に２等級以上の差が生じたときの手続き

　固定的賃金（基本給など、就業規則や雇用契約書で支給額や支給率が決まっているもの）の増減、給与体系の変更などがあった月以降の３か月間の平均給与額による標準報酬月額が、それまでの標準報酬月額と比べて２等級以上の差が生じた場合に行うのが随時改定です。

　たとえば、従来の標準報酬月額が「260千円（26万円）」だった被保険者について、１月に昇給が行われた結果、１月〜３月の平均給与額が300,000円となった場合、標準報酬月額は「300千円（30万円）」となります。この場合、標準報酬月額が２等級上がったことになるため（260千円は20等級で300千円は22等級、健康保険の場合）、随時改定を行うことが必要です。

　随時改定のために所轄年金事務所に提出する届出は「健康保険厚生年金保険被保険者報酬月額変更届」です。この届出は変動があった月から３か月を経過した後できるだけ早く提出する必要があります。前述した例でいうと、４月に月額変更届を提出しなければなりません。

　ただ、固定的賃金の増減や給与体系の変更などが行われた月以降の３か月間について、各月の支払基礎日数がすべて17日以上でなければ、月額変更届を提出する必要はありません。

　たとえば、前述した例で、１月の支払基礎日数が31日、２月の支払基礎日数が16日、３月の支払基礎日数が28日だった場合は、固定的賃金に大幅な変動があっても随時改定は行われないことになります。

● ケース別　月額変更届の書き方

ケース8　基本給・時給の昇給があった場合

書式10は、以下のケースについての記載例です。

被保険者数：3人（社長馬田一美、正社員猫川慎二、パート社員犬岡三太）

報酬額の変動：馬田一美については昇給により月58万円から64万円に変更（1月21日付）。猫川慎二については、昇給により月30万円から33万円に変更（1月21日付）。犬岡三太については、昇給により時間給1,072円から1,150円に変更（1月21日付）。勤務時形態は1日8時間、月17日出勤として変更なし。

支払形態：20日締め、25日支払い、通貨払い。

報酬の構成：基本給のみによる。残業手当、賞与等はなし。

書式の作成ポイント

馬田一美については、健康保険の場合、標準報酬33等級（590,000円）から35等級（650,000円）への2等級の差となり随時改定を行います。また、猫川慎二と犬岡三太においても、昇給により固定的賃金に変動が生じ2等級以上の差が生じたため随時改定となります。犬岡三太のように時給や日給で賃金が決定されている場合は、時給や日給あるいはその他の固定的賃金の額の変動が随時改定の要件となります。④欄は、標準報酬月額が改定される年月を記入します（本ケースの場合は「5年5月」）。

ケース9　非固定的賃金の変動や遡り昇給がある場合

書式11は、以下のケースについての記載例です。

被保険者数：2人（正社員猫川慎二の他、正社員猿渡四郎）

報酬額の変動：猫川慎二については昇給により月30万円から31万円に変更（1月21日付）。ただし、期間中に残業手当の支給あり。猿渡四郎については昇給により月24万円から27万円に変更（11月21日付。ただし、2月の支給日に過月分の遡り支給）。

支払形態：20日締め、25日支払い、通貨払い。

報酬の構成：基本給、残業手当による。賞与等はなし。

書式の作成ポイント

　猫川慎二は、固定的賃金の変動だけでは1等級の差となるが、期間内に支給された非固定的賃金を合わせると2等級の差が生じることから、随時改定が行われます。猿渡四郎においては、11月21日付つまり12月支給分から昇給されるものの、2月の支給時に12月支給分、1月支給分の2か月の昇給分も支給されたというケースですが、その分も含めた額を2月の報酬月額に算入します。その上で⑯欄の修正平均額には、遡及支払額（本ケースでは60,000円）を除いた平均額を記入します。また、⑧欄にはその「遡及支払額」を忘れずに記入しましょう。

ケース10　諸手当や現物支給による賃金の変動がある場合

　書式12は、以下のケースについての記載例です。

被保険者数：2人（正社員猫川慎二、猿渡四郎）

報酬額の変動：猫川慎二については昇給により月30万円から31万5,000円に変更（1月21日付）。ただし、期間中に現物報酬の支給あり。猿渡四郎については、役職手当3万円が加わり月24万円から27万円に変更（1月21日付）。

支払形態：20日締め、25日支払い、通貨ならびに現物払い。

報酬の構成：基本給、役職手当による残業手当、賞与等はなし。

　猫川慎二のように住宅などの現物給与を支給しているときは、事業所の所在する都道府県の標準価格により算定した額から本人負担額を除いた額を⑫欄に記入します。

　猿渡四郎は、役職手当が加わり、結果として昇給となったわけですが、役職手当も固定的賃金であることから随時改定が行われます。

ケース11　月給・時間給の減給があった場合

　書式13は、以下のケースについての記載例です。

被保険者数：３人（正社員猫川慎二、パート社員犬岡三太、猪俣五朗）

報酬額の変動：猫川慎二については減給により月30万円から26万円に変更（１月21日付）。犬岡三太については減給により時間給1,300円から1,200円に変更（１月21日付）。勤務形態は１日８時間、月17日出勤として変更なし。猪俣五朗については減給により時間給1,200円から1,100円に変更（１月21日付）。勤務形態は１日６時間、月17日出勤として変更なし。

支払形態：20日締め、25日支払い、通貨払い。

報酬の構成：基本給のみによる。残業手当、賞与等はなし。

支払形態：20日締め、25日支払い、通貨払い。

報酬の構成：基本給のみによる。残業手当、賞与等はなし。

　固定的賃金の昇給だけでなく減給でも随時改定が行われます。猫川慎二は月給（基本給）が、犬岡三太および猪俣五朗は時給（基本給）が減給となったことにより２等級以上の変動が生じ、算定期間の３か月すべての支払基礎日数が17日以上であることから、随時改定が行わ

れます。

⑱欄の4.昇給・降給の理由に〇をして、「基本給の変更」と記載します。⑦の昇（降）給には「2月」と記載します。

ケース12　レイオフや契約の見直しにより給与が変動する場合

書式14は、以下のケースについての記載例です。

> **被保険者数**：2人（正社員猿渡四郎、パート社員牛島六美）
> **報酬額の変動**：猿渡四郎については、一時帰休により月24万円から14万円4,000円に変更（1月21日付）。牛島六美について時間給（1,100円）の変動はなし。ただし契約変更（1月21日付）により、勤務形態が1日8時間、月17日出勤から1日7時間、月17日出勤に変更。
> **支払形態**：20日締め、25日支払い、通貨払い。
> **報酬の構成**：基本給のみによる。残業手当、賞与等はなし。

書式の作成ポイント

猿渡四郎は、レイオフ（一時帰休）により本来月給の60％が休業手当として支給されることとなったことから、随時改定が行われたケースです。⑩欄は暦日数をそのまま記入し、⑱欄の6.その他には「一時帰休による休業手当2〜4月60％」と記載します。時給で報酬が決定されている者は、1日の労働時間の変動だけでは随時改定を行いませんが、雇用契約の更新時における契約内容の変更に伴い、1日の労働時間が増減したことにより報酬月額の変動が生じたときは、随時改定を行います。

牛島六美については、1日の労働時間が8時間から7時間に変更されたことにより、報酬月額の変更が必要になるケースです。

書式10 基本給・時給の昇給があった場合

様式コード
2 2 1

健康保険
厚生年金保険 **被保険者報酬月額変更届**
厚生年金保険 70歳以上被用者月額変更届

令和 5 年 4 月 30 日提出

事業所整理記号 0 0 0 0 - 0 0 0 0

届書記入の個人番号に誤りがないことを確認しました。

事業所所在地 〒103-0000
東京都中央区○○1-1-1

事業所名称 株式会社 ウマダ

事業主氏名 代表取締役 馬田 一美

電話番号 03（3333）3333

受付印

社会保険労務士記載欄
氏名等

① 被保険者整理番号	② 被保険者氏名	③ 生年月日	④ 改定年月	⑰ 個人番号【基礎年金番号】※70歳以上被用者の場合のみ
⑤ 従前の標準報酬月額	⑥ 従前改定月	⑦ 昇（降）給	⑧ 遡及支払額	
⑨ 給与支給月 ⑩ 給与計算の基礎日数	報酬月額	⑭ 総計		
	⑪ 通貨によるものの額 ⑫ 現物によるものの額	⑬ 合計（⑪+⑫）	⑮ 平均額 ⑯ 修正平均額	⑲ 備考

1

① 1
② 馬田 一美
③ 5-480310
④ 5 年 5 月

⑤健 590千円 厚 590千円
⑥ 4 年 9 月
⑦昇（降）給 2 月 ① 昇給 2. 降給
⑧遡及支払額

⑨支給月	⑩日数	⑪通貨	⑫現物	⑬合計（⑪+⑫）	⑭総計
2 月	31 日	640,000 円	0 円	640,000 円	1,920,000
3 月	28 日	640,000 円	0 円	640,000 円	⑮平均額 640,000
4 月	31 日	640,000 円	0 円	640,000 円	⑯修正平均額

⑲備考
1. 70歳以上被用者月額変更
2. 二以上勤務
3. 短時間労働者（特定適用事業所等）
④ 昇給・降給の理由
（ 基本給の変更 ）
5. 健康保険のみ月額変更
（70歳到達時の契約変更等）
6. その他（ ）

2

① 2
② 猫川 慎二
③ 5-600920
④ 5 年 5 月

⑤健 300千円 厚 300千円
⑥ 4 年 9 月
⑦昇（降）給 2 月 ① 昇給 2. 降給
⑧遡及支払額

⑨支給月	⑩日数	⑪通貨	⑫現物	⑬合計（⑪+⑫）	⑭総計
2 月	31 日	330,000 円	0 円	330,000 円	990,000
3 月	28 日	330,000 円	0 円	330,000 円	⑮平均額 330,000
4 月	31 日	330,000 円	0 円	330,000 円	⑯修正平均額

⑲備考
1. 70歳以上被用者月額変更
2. 二以上勤務
3. 短時間労働者（特定適用事業所等）
④ 昇給・降給の理由
（ 基本給の変更 ）
5. 健康保険のみ月額変更
（70歳到達時の契約変更等）
6. その他（ ）

3

① 3
② 犬岡 三太
③ 7-051230
④ 5 年 5 月

⑤健(厚) 142千円 厚 142千円
⑥ 4 年 9 月
⑦昇（降）給 2 月 ① 昇給 2. 降給
⑧遡及支払額

⑨支給月	⑩日数	⑪通貨	⑫現物	⑬合計（⑪+⑫）	⑭総計
2 月	17 日	156,400 円	0 円	156,400 円	469,200
3 月	17 日	156,400 円	0 円	156,400 円	⑮平均額 156,400
4 月	17 日	156,400 円	0 円	156,400 円	⑯修正平均額

⑲備考
1. 70歳以上被用者月額変更
2. 二以上勤務
3. 短時間労働者（特定適用事業所等）
④ 昇給・降給の理由
（ 基本給の変更 ）
5. 健康保険のみ月額変更
（70歳到達時の契約変更等）
6. その他（ ）

4

⑤健 千円 厚 千円
⑥
⑦昇（降）給 月 1. 昇給 2. 降給
⑧遡及支払額

⑨支給月	⑩日数	⑪通貨	⑫現物	⑬合計（⑪+⑫）	⑭総計
月	日	円	円	円	
月	日	円	円	円	⑮平均額
月	日	円	円	円	⑯修正平均額

年 月

⑲備考
1. 70歳以上被用者月額変更
2. 二以上勤務
3. 短時間労働者（特定適用事業所等）
4. 昇給・降給の理由（ ）
5. 健康保険のみ月額変更
（70歳到達時の契約変更等）
6. その他（ ）

5

⑤健 千円 厚 千円
⑥
⑦昇（降）給 月 1. 昇給 2. 降給
⑧遡及支払額

⑨支給月	⑩日数	⑪通貨	⑫現物	⑬合計（⑪+⑫）	⑭総計
月	日	円	円	円	
月	日	円	円	円	⑮平均額
月	日	円	円	円	⑯修正平均額

年 月

⑲備考
1. 70歳以上被用者月額変更
2. 二以上勤務
3. 短時間労働者（特定適用事業所等）
4. 昇給・降給の理由（ ）
5. 健康保険のみ月額変更
（70歳到達時の契約変更等）
6. その他（ ）

※ ⑨支給月とは、給与の対象となった計算月ではなく実際に給与の支払いを行った月となります。

※ ⑨支給月とは、給与の対象となった計算月ではなく実際に給与の支払いを行った月となります。

書式12 諸手当や現物支給による賃金の変動がある場合

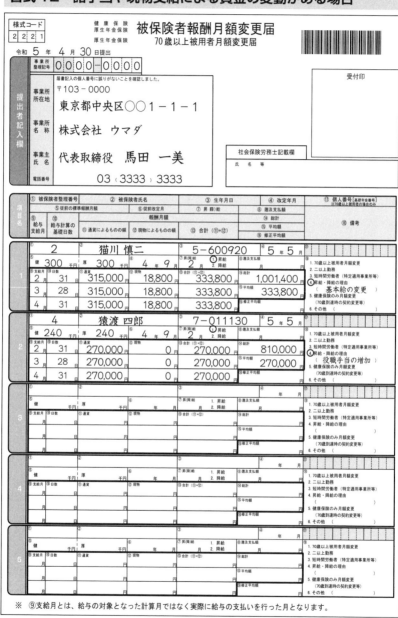

様式コード		
2 2 1		

健康保険
厚生年金保険 **被保険者報酬月額変更届**
厚生年金保険 70歳以上被用者月額変更届

令和 5 年 4 月 30 日提出

事業所
整理記号 0 0 0 0 - 0 0 0 0

提出者記入欄

届書記入の個人番号に誤りがないことを確認しました。

事業所
所在地 〒103-0000
東京都中央区○○1-1-1

事業所
名称 株式会社 ウマダ

事業主
氏名 代表取締役 馬田 一美

電話番号 03（3333）3333

受付印

社会保険労務士記載欄
氏名等

① 被保険者整理番号	② 被保険者氏名	③ 生年月日	④ 改定年月	⑰ 個人番号 [基礎年金番号] ※70歳以上被用者の場合のみ
⑤ 従前の標準報酬月額	⑥ 従前改定月	⑦ 昇（降）給	⑧ 遡及支払額	
⑨ 給与 支給月	⑩ 給与計算の 基礎日数	報酬月額	⑫ 合計	
		⑪ 通貨によるものの額	⑫ 現物によるものの額	⑬ 合計（⑪+⑫）

1

① 2	猫川 慎二	③ 5-600920	④ 5-5	
⑤健 300千円 厚 300千円	⑥ 4 9	⑦異(降)給 4 ① 昇給 2.降給	⑧遡及支払額 月	1. 70歳以上被用者月額変更
⑨支給月 ⑩日数	通貨	現物	⑬合計（⑪+⑫） 総計	2. 二以上勤務
2 31	315,000	18,800	333,800	1,001,400
3 28	315,000	18,800	333,800	平均額 333,800
4 31	315,000	18,800	333,800	修正平均額

3. 短時間労働者（特定適用事業所等）
④ 4. 昇給・降給の理由
（ 基本給の変更 ）
5. 健康保険のみ月額変更
（70歳到達時の契約変更等）
6. その他（ ）

2

① 4	猿渡 四郎	③ 7-011130	④ 5-5	
⑤健 240千円 厚 240千円	⑥ 4 9	⑦異(降)給 2 ① 昇給 2.降給	⑧遡及支払額 月	1. 70歳以上被用者月額変更
⑨支給月 ⑩日数	通貨	現物	⑬合計（⑪+⑫） 総計	2. 二以上勤務
2 31	270,000	0	270,000	810,000
3 28	270,000	0	270,000	平均額 270,000
4 31	270,000	0	270,000	修正平均額

3. 短時間労働者（特定適用事業所等）
④ 4. 昇給・降給の理由
（ 役職手当の増加 ）
5. 健康保険のみ月額変更
（70歳到達時の契約変更等）
6. その他（ ）

3

①		③	④ 年 月	
⑤健 千円 厚 千円	⑥	⑦異(降)給 月 1. 昇給 2.降給	⑧遡及支払額 月	1. 70歳以上被用者月額変更
⑨支給月 ⑩日数	通貨	現物	⑬合計（⑪+⑫） 総計	2. 二以上勤務
月 日	円	円	円	円
月 日	円	円	円	平均額 円
月 日	円	円	円	修正平均額 円

3. 短時間労働者（特定適用事業所等）
4. 昇給・降給の理由
5. 健康保険のみ月額変更
（70歳到達時の契約変更等）
6. その他（ ）

4

①		③	④ 年 月	
⑤健 千円 厚 千円	⑥	⑦異(降)給 月 1. 昇給 2.降給	⑧遡及支払額 月	1. 70歳以上被用者月額変更
⑨支給月 ⑩日数	通貨	現物	⑬合計（⑪+⑫） 総計	2. 二以上勤務
月 日	円	円	円	円
月 日	円	円	円	平均額 円
月 日	円	円	円	修正平均額 円

3. 短時間労働者（特定適用事業所等）
4. 昇給・降給の理由
5. 健康保険のみ月額変更
（70歳到達時の契約変更等）
6. その他（ ）

5

①		③	④ 年 月	
⑤健 千円 厚 千円	⑥	⑦異(降)給 月 1. 昇給 2.降給	⑧遡及支払額 月	1. 70歳以上被用者月額変更
⑨支給月 ⑩日数	通貨	現物	⑬合計（⑪+⑫） 総計	2. 二以上勤務
月 日	円	円	円	円
月 日	円	円	円	平均額 円
月 日	円	円	円	修正平均額 円

3. 短時間労働者（特定適用事業所等）
4. 昇給・降給の理由
5. 健康保険のみ月額変更
（70歳到達時の契約変更等）
6. その他（ ）

※ ⑨支給月とは、給与の対象となった計算月ではなく実際に給与の支払いを行った月となります。

書式13　月給・時間給の減給があった場合

※ ⑨支給月とは、給与の対象となった計算月ではなく実際に給与の支払いを行った月となります。

書式14 レイオフや契約の見直しにより給与が変動する場合

① 被保険者整理番号	② 被保険者氏名	③ 生年月日	④ 改定年月	⑰ 個人番号 [基礎年金番号] ※70歳以上被用者の場合のみ		

	4		猿渡 四郎		7-011130	5 5 月	
健	240 千円	厚 240 千円	4 年 9 月	7昇(降)給 1.昇給 2.降給	遡及支払額	1.70歳以上被用者月額変更 2.二以上勤務 3.短時間労働者（特定適用事業所等） 4.昇給・降給の理由 5.健康保険のみ月額変更（70歳到達時の契約変更等） 6.その他（一時帰休による休業手当2～4月60%）
2 月 31 日	144,000	0	144,000	432,000 総計		
3 月 28 日	144,000	0	144,000	144,000 平均額		
4 月 31 日	144,000	0	144,000	修正平均額		

	6		牛島 六美		5-550425	5 5 月	
健	150 千円	厚 150 千円	4 年 9 月	7昇(降)給 1.昇給 2.降給②	遡及支払額	1.70歳以上被用者月額変更 2.二以上勤務 3.短時間労働者（特定適用事業所等） 4.昇給・降給の理由（契約時間の変更） 5.健康保険のみ月額変更（70歳到達時の契約変更等） 6.その他（ ）
2 月 17 日	130,900	0	130,900	392,700 総計		
3 月 17 日	130,900	0	130,900	130,900 平均額		
4 月 17 日	130,900	0	130,900	修正平均額		

※ ⑨支給月とは、給与の対象となった計算月ではなく実際に給与の支払いを行った月となります。

第6章

社員の採用・退職に かかわる事務

新しい従業員を社会保険に加入させるための届出

● 社会保険の資格取得手続きが必要

　社員を採用すると、その社員は社会保険の被保険者となりますので、資格取得の手続きを行わなければなりません。ただ、以下の場合は被保険者となりません。

　日雇労働者、2か月以内の期間を定めて使用される者、所在地が一定しない事業所に使用される者、4か月以内の季節的業務に使用される者、臨時的事業の事業所（6か月以内）に使用される者、パートタイマー（1週間の所定労働時間または1か月の所定労働日数が正社員の4分の3未満。ただし、特定適用事業所（30ページ参照）などに勤務し、①週の所定労働時間が20時間以上である、②賃金の月額が8.8万円以上である、③学生ではない、これらにすべて該当するパートタイマーは被保険者となる）

　なお、会社などの法人の役員・代表者は社会保険では会社に「使用される」人として被保険者になりますが、個人事業主は「使用される」人ではありませんから、被保険者にはなれません。

【届出・添付書類】

　事業主は、採用した日から5日以内に「健康保険厚生年金保険被保険者資格取得届」（次ページ）を管轄の年金事務所に届け出ます。被扶養者がいる場合は、健康保険被扶養者（異動）届を同時に提出します。

　70歳以上の人は健康保険だけの加入になります。報酬月額の欄については残業手当などの見込み分も含めた総額を記入します。これにより、標準報酬月額が資格取得時に決定されます。

書式1　健康保険厚生年金保険被保険者資格取得届

様式コード
2 2 0 0

健康保険
厚生年金保険　**被保険者資格取得届**
厚生年金保険　70歳以上被用者該当届

令和 **5** 年 **11** 月 **5** 日提出

受付印

提出者記入欄

届書記入の個人番号に誤りがないことを確認しました。

〒 **141-0000**
事業所所在地　**東京都品川区五反田1-2-3**

事業所名称　**株式会社 緑商会**

事業主氏名　**代表取締役　鈴木　太郎**

電話番号　**03 (3321) 1123**

社会保険労務士記載欄
氏 名 等

被保険者1

被保険者整理番号	①	氏名	(フリガナ) **ホンジョウ**		(名) **タカシ**	生年月日	5.昭和 7.平成 9.令和	年	月	日	種別	1.男 5.男(基金) 2.女 6.女(基金) 3.坑内員 7.坑内員(基金)
	②		(氏) **本上**		(名) **貴志**			**55**	**01**	**14**	①	

取得区分
1. 健保・厚年
3. 共済出向
4. 船保任継

④ 個人番号 [基礎年金番号]　**1 2 3 4 5 6 7 8 9 0 1 2**

⑤ 取得(該当)年月日　9.令和　**05 11 01**

被扶養者　0. 無　① 有

該当する項目を○で囲んでください。
1. 70歳以上被用者該当
2. 二以上事業所勤務者の取得

3. 短時間労働者の取得(特定適用事業所等)
4. 退職後の継続再雇用者の取得
5. その他

報酬月額
⑦ (通貨) **300,000** 円
⑧ (現物) **0** 円
⑨ (合計 ⑦+⑧) **300000** 円

備考

住所
日本年金機構に提出する際、個人番号を記入した場合は、住所記入は不要です。
〒 ―
(フリガナ)
理由 1. 海外在住 2. 短期在留 3. その他( )

被保険者2

（空欄）

被保険者3

（空欄）

被保険者4

（空欄）

協会けんぽご加入の事業所様へ
※ 70歳以上被用者該当届のみ提出の場合は、「⑩備考」欄の「1.70歳以上被用者該当」
および「5.その他」に○をし、「5.その他」の（　）内に「該当届のみ」とご記入ください（この場合、
健康保険被保険者証の発行はありません）。

入社時に労働者に被扶養者がいる場合の届出

● 対象となる被扶養者の範囲を知っておく

　健康保険において「被扶養者になる人」とは、日本国内に居住しており、おもに被保険者に生計を維持されている人をいいます。

　生計維持のおおまかな基準は、年収が130万円未満（60歳以上・障害者は180万円未満）であり、被保険者の年収の半分未満であることです。また、同一世帯でない場合は、年収が被保険者からの仕送り額より少ないことも必要基準になります。

　被扶養者の範囲は、配偶者や子に限られません。直系尊属（父母、祖父母、曾祖父母）、配偶者（内縁関係を含む）、子、孫、兄弟姉妹、同一世帯である上記以外の3親等内の親族、内縁関係の配偶者の父母および子、内縁関係の配偶者の死亡後、引き続き同居している父母および子も、被扶養者の範囲に含まれます。

　国内居住要件については、日本国内に住所を有する（住民票を有する）人のことをいいます。ただし、日本国内に住所を有していても、日本国籍を有しておらず、「特定活動（医療目的）」や「特定活動（長期観光）」で滞在する人については、被扶養者とはなりません。なお、日本国内に住所を有していない海外在住の人（留学生や海外赴任に同行する家族など）については、特例で被扶養者と認められる場合があります。

　このように、健康保険は被保険者だけでなく、被扶養者も保険給付の対象としているため、被扶養者がケガをしたり、病気になった場合にも、健康保険のサービスを受けることができます。

【届出】

　事業主が、「健康保険厚生年金保険被保険者資格取得届」（前ペー

ジ）と同時に、「健康保険被扶養者（異動）届」（次ページ）を、管轄の年金事務所に届け出ます。

【添付書類】

①　扶養認定を受ける人の続柄が確認できる戸籍謄本（抄本）または住民票（ただし、事業主が続柄を確認し、届書にマイナンバーを記入している場合は省略可）

②　扶養認定を受ける人の収入を確認できる書類（ただし、事業主が所得税法上の控除対象配偶者または控除対象扶養親族であることを確認している場合は省略可）

③　配偶者の年金手帳または基礎年金番号通知書（配偶者の第3号被保険者手続きを行う場合）

● 被扶養者である配偶者がいる場合の年金についての届出

「健康保険被扶養者（異動）届」については、被保険者に、被扶養者である配偶者がいる場合には、「健康保険被扶養者（異動）届」と同時に、「国民年金第3号被保険者関係届」（書式2、健康保険被扶養者（異動）届と一体化した様式）の提出が必要になります。

これは年金制度のしくみとして、会社員や公務員など第2号被保険者に扶養されている配偶者は、国民年金の第3号被保険者という扱いをするため、そのための手続きが必要になるからです。

手続き上の注意点は以下のとおりです。

【届出】

「国民年金第3号被保険者関係届」（次ページ）を、健康保険被扶養者（異動）届と同時に、または単独で提出します。資格を取得した日から14日以内に管轄の年金事務所に届け出ます。

【添付書類】

健康保険被扶養者（異動）届の添付書類と同様です。

書式2　健康保険被扶養者(異動)届　国民年金第3号被保険者関係届(入社時)

様式コード			
2	2	0	2

協会管掌事業所用

健康保険　被扶養者(異動)届
国民年金　第3号被保険者関係届

令和 5 年 11 月 5 日提出

受付印

事業主記入欄

事業所整理記号	00－アイウ
	届出記入の個人番号(基礎年金番号)に誤りがないことを確認しました。
事業所所在地	〒141－0000 品川区五反田1－2－3
事業所名称	株式会社 緑商会
事業主氏名	代表取締役 鈴木 太郎
電話番号	03(3321)1123
事業主確認欄	事業主が確認した場合に○で囲んでください。 (1.確認) 収入に関する証明の添付が省略されている者は、所得税法上の控除対象配偶者・扶養親族であることを確認しました。
事業主等受付年月日	令和 5 年 11 月 5 日

厚生年金被保険者の配偶者にかかる届出の記載がある場合、同時に『国民年金第3号被保険者関係届』として受理し、配偶者を第3号被保険者に、第2号被保険者を配偶者として読み替えます。

社会保険労務士記載欄　氏名等

A 被保険者欄

① 被保険者整理番号	
② 氏名	(フリガナ) ホンジョウ タカシ (氏) 本上 (名) 貴志
③ 生年月日	5.昭和（○）7.平成 9.令和　55年01月14日
④ 性別	1.男（○） 2.女
⑤ 個人番号［基礎年金番号］	123456789012
⑥ 取得年月日	5.昭和 7.平成 9.令和（○）　05年11月01日
⑦ 収入(年収)	450万円
⑧ 住所	個人番号を記入した場合は、住所記入は不要です。 〒　－

※事業主が、認定を受ける方の続柄を裏面(a)の書類で確認した場合は、B欄⑮ 又はC欄⑯の「※続柄確認済み」の□に✓を付してください。 添付書類については裏面(a)(b)参照)
配偶者が被扶養者(第3号被保険者)になった場合は「該当」、被扶養者でなくなった場合は「非該当」、変更の場合は「変更」を○で囲んでください。

B 配偶者である被扶養者(第3号被保険者)欄

① 氏名	第3号被保険者に関し、この届書記載のとおり届出します。 令和 5 年 11 月 5 日 (フリガナ) ホンジョウ アヤカ (氏名) 本上 彩花 ※第3号被保険者関係届の提出は配偶者(第2号被保険者)に委任します ☐ ✓
② 生年月日	5.昭和（○） 7.平成 9.令和　56年04月03日
③ 性別(続柄)	1.夫 2.妻（○） 3.夫(未届) 4.妻(未届)
④ 個人番号［基礎年金番号］	123405678912
⑤ 外国籍	
⑥ 外国人通称名	(フリガナ)
⑦ 住所	1.同居（○） 2.別居　〒111－0001 東京都目黒区東7－3－19
⑧ 電話番号	1.自宅（○） 2.携帯 3.勤務先 4.その他　03(5678)1234

1.該当（○）	⑨ 被扶養者(第3号被保険者)になった日　9.令和 05年11月01日	⑩ 理由	1.配偶者の就職（○） 2.婚姻 3.離職 4.収入減少 5.その他( )
	⑪ 職業	1.無職 2.パート（○） 3.年金受給者 4.その他( )	⑫ 収入(年収) 100万円
2.非該当 3.変更	⑬ 被扶養者(第3号被保険者)でなくなった日　9.令和 年 月 日	⑭ 理由	1.死亡(令和 年 月 日) 2.離婚 3.就職・収入増加 4.75歳到達 5.障害認定( ) 6.その他( )
右の⑯～⑲欄は、海外居住者又は海外から国内に転入した場合のみ、記入してください。	1.海外特例要件該当 ⑯ 海外特例要件に該当した日 9.令和 年 月 日	⑰ 理由	1.留学 2.同行家族 3.特定活動 4.海外婚姻 5.その他( )
	2.海外特例要件非該当 ⑱ 海外特例要件に非該当となった日 9.令和 年 月 日	⑲ 理由	1.国内転入(令和 年 月 日) 2.その他( )
⑮ 備考	※続柄確認済み ☑	種別 31	

⑳ 被扶養者でない配偶者を有するときに記入してください。　配偶者の収入(年収)　円

配偶者以外の方が被扶養者になった場合は「該当」、被扶養者でなくなった場合は「非該当」、変更の場合は「変更」を○で囲んでください。

C その他の被扶養者欄1

① 氏名	(フリガナ) ホンジョウ リク (氏) 本上 (名) 陸
② 生年月日	5.昭和 7.平成（○） 9.令和　19年10月13日
⑤ 個人番号	123456789098
③ 性別	1.男（○） 2.女
④ 続柄	1.実子・養子（○） 2.1以外の子 3.父母・養父母 4.義父母 5.弟妹 6.兄姉 7.祖父母 8.曽祖父母 9.孫 10.その他( )
⑥ 住所	1.同居（○） 2.別居　〒　－
⑦ 海外特例要件	右の⑦～⑨欄は、海外居住者又は海外から国内に転入した場合のみ、記入してください。 1.海外特例要件該当 2.海外特例要件非該当
⑧ 理由	1.留学 2.同行家族 3.特定活動 4.海外婚姻 5.その他( )
⑨ 理由	1.国内転入(令和 年 月 日) 2.その他( )
1.該当（○） ⑩ 被扶養者になった日	9.令和 05年11月01日
⑪ 職業	1.無職 2.パート 3.年金受給者 4.小・中学生以下 5.高・大学生(1年生)（○） 6.その他( )
⑫ 収入(年収)	0円
⑬ 理由	1.出生 2.離職 3.収入減 4.同居 5.その他(親の就職)（○）
2.非該当 3.変更 ⑭ 被扶養者でなくなった日	9.令和 年 月 日
⑮ 理由	1.死亡 2.就職 3.収入増加 4.75歳到達 5.障害認定 6.その他( )
⑯ 備考	※続柄確認済み ☑

C その他の被扶養者欄2

① 氏名	(フリガナ) ホンジョウ ハルナ (氏) 本上 (名) 陽菜
② 生年月日	5.昭和 7.平成（○） 9.令和　21年02月25日
⑤ 個人番号	123456789097
③ 性別	1.男 2.女（○）
④ 続柄	1.実子・養子（○） 2.1以外の子 3.父母・養父母 4.義父母 5.弟妹 6.兄姉 7.祖父母 8.曽祖父母 9.孫 10.その他( )
⑥ 住所	1.同居（○） 2.別居　〒　－
⑦ 海外特例要件	右の⑦～⑨欄は、海外居住者又は海外から国内に転入した場合のみ、記入してください。 1.海外特例要件該当 2.海外特例要件非該当
⑧ 理由	1.留学 2.同行家族 3.特定活動 4.海外婚姻 5.その他( )
⑨ 理由	1.国内転入(令和 年 月 日) 2.その他( )
1.該当（○） ⑩ 被扶養者になった日	9.令和 05年11月01日
⑪ 職業	1.無職 2.パート 3.年金受給者 4.小・中学生以下（○） 5.高・大学生(年生) 6.その他( )
⑫ 収入(年収)	0円
⑬ 理由	1.出生 2.離職 3.収入減 4.同居 5.その他(親の就職)（○）
2.非該当 3.変更 ⑭ 被扶養者でなくなった日	9.令和 年 月 日
⑮ 理由	1.死亡 2.就職 3.収入増加 4.75歳到達 5.障害認定 6.その他( )
⑯ 備考	※続柄確認済み ☑

※被扶養者の「該当」と「非該当(変更)」は同時に提出できません。「該当」、「非該当」、「変更」はそれぞれ別の用紙で提出してください。

扶養に関する申立書(添付書類の内容について補足する事項がある場合に記入してください)

申立の事実に相違ありません。　氏名

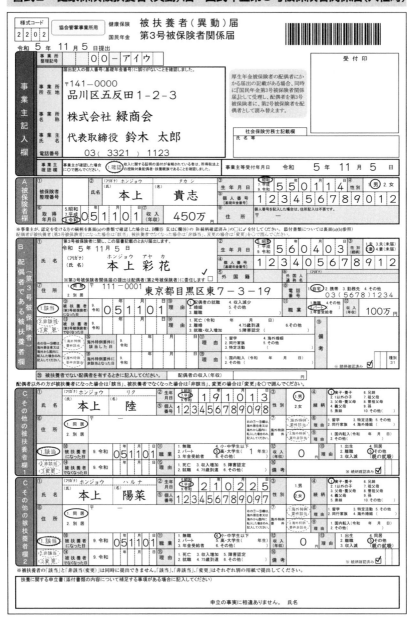

3 社員が退職したときの社会保険の届出

● 社員の資格喪失のための手続き

雇用保険と同様に、社員が離職したときは健康保険と厚生年金保険の資格も喪失します。資格の喪失日は原則として離職した日の翌日になります。

【届出・添付書類】

事業主は、労働者が社会保険の資格を喪失した日（離職した日の翌日）から5日以内に管轄の年金事務所へ健康保険厚生年金保険被保険者資格喪失届（次ページ）を提出します。

添付書類としては、健康保険被保険者証が必要になります（令和5年8月時点）。離職した者と連絡がつかない場合などには被保険者証を回収できないこともあります。そのようなときは、資格喪失届の他に健康保険被保険者証回収不能届を提出します。

【ポイント】

⑥欄の喪失（不該当）原因（次ページ）には、4.退職等に丸をして、退職日を必ず記入します。

なお、資格喪失届は、社員が退職したとき以外にも提出することがあります。たとえば、転勤により事業所が変更する場合に提出するのもその1つです。その他、定年退職後の再雇用などで賃金額が下がった場合にも提出します。通常の月額変更の手続きではなく、継続して働いているとしても、定年退職日でいったん資格喪失届（喪失日は定年退職日の翌日）を提出して同じ日付で資格取得届を提出します（同日得喪）。

書式3　健康保険厚生年金保険被保険者資格喪失届

様式コード	
2 2 0 1	

健康保険
厚生年金保険　**被保険者資格喪失届**
厚生年金保険　70歳以上被用者不該当届

令和　5　年　3　月　21　日提出

提出者記入欄

事業所整理記号	00-アイウ	事業所番号	12345

届書記入の個人番号に誤りがないことを確認しました。

事業所所在地　〒141-0000
品川区五反田1-2-3

事業所名称　株式会社　緑商会

事業主氏名　代表取締役　鈴木　太郎

電話番号　03（3321）1123

在職中に70歳に到達された方の厚生年金保険被保険者喪失届は、この用紙ではなく『70歳到達届』を提出してください。

社会保険労務士記載欄
氏名等

受付印

被保険者1

① 被保険者整理番号	12	② 氏名	(フリガナ) かとう 加藤	さとし 聡	③ 生年月日	⑤ 5. 昭和 7. 平成 9. 令和	49 10 03

④ 個人番号 [基礎年金番号] 2117500013567　喪失年月日 令和 050321

⑥ 喪失(不該当)原因　4. 退職等（令和　5　年　3　月　20　日退職等）　5. 死亡（令和　　年　　月　　日死亡）　7. 75歳到達（健康保険のみ喪失）　9. 障害認定（健康保険のみ喪失）　11. 社会保障協定

⑦ 備考　該当する項目を○で囲んでください。
1. 二以上事業所勤務者の喪失　3. その他
2. 退職後の継続再雇用者の喪失

⑧ 保険証回収　添付　1　枚　返不能　　枚

70歳不該当　□ 70歳以上被用者不該当（退職日または死亡日を記入してください）
不該当年月日　9.令和　　年　　月　　日

被保険者2

① 被保険者整理番号		② 氏名	(フリガナ) (氏)	(名)	③ 生年月日	5. 昭和 7. 平成 9. 令和	年 月 日

④ 個人番号 [基礎年金番号] 　喪失年月日 9. 令和 年 月 日

⑥ 喪失(不該当)原因　4. 退職等（令和　年　月　日退職等）　5. 死亡（令和　年　月　日死亡）　7. 75歳到達（健康保険のみ喪失）　9. 障害認定（健康保険のみ喪失）　11. 社会保障協定

⑦ 備考　該当する項目を○で囲んでください。
1. 二以上事業所勤務者の喪失　3. その他
2. 退職後の継続再雇用者の喪失

⑧ 保険証回収　添付　枚　返不能　枚

70歳不該当　□ 70歳以上被用者不該当（退職日または死亡日を記入してください）
不該当年月日　9.令和　年　月　日

被保険者3

① 被保険者整理番号		② 氏名	(フリガナ) (氏)	(名)	③ 生年月日	5. 昭和 7. 平成 9. 令和	年 月 日

④ 個人番号 [基礎年金番号] 　喪失年月日 9. 令和 年 月 日

⑥ 喪失(不該当)原因　4. 退職等（令和　年　月　日退職等）　5. 死亡（令和　年　月　日死亡）　7. 75歳到達（健康保険のみ喪失）　9. 障害認定（健康保険のみ喪失）　11. 社会保障協定

⑦ 備考　該当する項目を○で囲んでください。
1. 二以上事業所勤務者の喪失　3. その他
2. 退職後の継続再雇用者の喪失

⑧ 保険証回収　添付　枚　返不能　枚

70歳不該当　□ 70歳以上被用者不該当（退職日または死亡日を記入してください）
不該当年月日　9.令和　年　月　日

被保険者4

① 被保険者整理番号		② 氏名	(フリガナ) (氏)	(名)	③ 生年月日	5. 昭和 7. 平成 9. 令和	年 月 日

④ 個人番号 [基礎年金番号] 　喪失年月日 9. 令和 年 月 日

⑥ 喪失(不該当)原因　4. 退職等（令和　年　月　日退職等）　5. 死亡（令和　年　月　日死亡）　7. 75歳到達（健康保険のみ喪失）　9. 障害認定（健康保険のみ喪失）　11. 社会保障協定

⑦ 備考　該当する項目を○で囲んでください。
1. 二以上事業所勤務者の喪失　3. その他
2. 退職後の継続再雇用者の喪失

⑧ 保険証回収　添付　枚　返不能　枚

70歳不該当　□ 70歳以上被用者不該当（退職日または死亡日を記入してください）
不該当年月日　9.令和　年　月　日

健康保険被保険者証を回収できない場合の届出

● 盗難や紛失して返却してもらえない場合に出す

被保険者が離職したとき、または被保険者証が更新され、新しい被保険者証が発行されるときは、それまで使用していた被保険者証を返却しなければなりません。しかし、盗難や紛失などの理由で返却することができない場合は「健康保険被保険者証回収不能届」（次ページ）を提出します（令和5年8月時点）。

【請求手続・添付書類】

健康保険被保険者証の紛失に気が付いたときは、事業主は、遅滞なく「健康保険被保険者証回収不能届」を年金事務所に提出します。

添付書類については、引き続き被保険者である場合は、「健康保険被保険者証再交付申請書」を併せて提出します。また、警察に届け出た場合は、その日時、届出受理番号等も報告します。

【ポイント】

滅失した原因について、できるだけ詳細に記入します。紛失した場所によっては、警察への届出が必要になります。また、紛失した被保険者証が後日発見された場合には、すみやかに返却します。

なお、現在は、保険証が1人1枚のカードになりましたので、保険証を回収するときには、被扶養者分も含めて全員分がきちんとそろっているか確認することが必要です。特に、被扶養者が遠い場所に住んでいる場合、どうしても回収するのが遅れてしまいがちです。そんな場合でも、きちんと退職者に催促して、返却を求めなければなりません。それをせずに、安易に回収不能届を提出することは認められません。

健康保険　被保険者証回収不能届

被保険者情報			

被保険者証の（左づめ）

記号　６５０１０２０３　番号　１２

生年月日　年　月　日
☑昭和　☐平成　☐令和　５４０９１６

氏名（フリガナ）あおやま　はるお
青山　晴夫

住所（〒 １４２－００６３ ）
東京 ☒都道府県 品川区荏原本町２－３－９

電話番号（日中の連絡先） TEL　０３（６６９９）７７３３　携帯電話　－　－

※「電話番号（日中の連絡先）」または「携帯電話番号」について必ず記入してください。

回収不能等の対象者

氏名	生年月日	性別	高齢受給者証 交付	返納	被保険者証を返納できない理由
青山 晴夫	☑昭和 ☐平成 ☐令和 ５４年 ９月 １６日	☑男 ☐女	☐有 ☑無	☑有 ☐無	財布に入れていたところ、紛失してしまった。
	☐昭和 ☐平成 ☐令和 　年 　月 　日	☐男 ☐女	☐有 ☐無	☐有 ☐無	
	☐昭和 ☐平成 ☐令和 　年 　月 　日	☐男 ☐女	☐有 ☐無	☐有 ☐無	
	☐昭和 ☐平成 ☐令和 　年 　月 　日	☐男 ☐女	☐有 ☐無	☐有 ☐無	

備考

上記の者について、被保険者証（高齢受給者証）が回収不能であるため届出します。
なお、被保険者証を回収したときは、ただちに返納します。

令和　５　年　５　月　１６　日

事業主欄

事業所所在地（〒 １４１－００００ ）
品川区五反田１－２－３

事業所名称 株式会社 緑商会

事業主氏名 代表取締役 鈴木 太郎

電話 ０３（３３２１）１１２３

社会保険労務士記載欄	氏名等	受付日付印

※この届は被保険者証を返納できない場合に提出します。
※回収不能対象者には、後日、被保険者あてに「健康保険被保険者証の無効のお知らせ」を送付します。

5 労働者が退職した事実を証明する

退職者がさまざまな理由によって請求してくる

　配偶者が健康保険・厚生年金保険被保険者で、自分に現在収入がない場合でも、それまで健康保険・厚生年金保険被保険者であった場合、所得税法の規定による控除対象配偶者又は扶養親族となっていないため、被扶養者となるためには、自分に所得がないことを証明しなければなりません。おもにそのような場合に、退職者から退職証明書（次ページ）の発行を請求されます。

【請求手続】

　退職者から請求があった場合には、事業主は退職証明書を必ず発行しなければなりません。

【添付書類】

　退職理由が解雇の場合は、退職者の請求により、解雇の理由も交付しなければなりません。逆に、退職者が解雇の理由の交付を希望しない場合には、記入してはいけません。

【ポイント】

　退職証明書は、使用期間、業務の種類、その事業における地位、賃金、退職の事由、解雇の場合の解雇理由について、退職者が請求した場合において交付しなければならないものです。退職者の請求しない事項は記入してはいけません。社会保険手続きにおいては、退職日と退職の事由を記入します。なお、退職証明書は再就職活動のために請求されることもありますが、再就職を妨げるための「秘密の記号を記入してはならない」と定められていますので、誤解を招くような記号は記入しないほうが無難です。

書式5　退職証明書

退　職　証　明　書

石田成三　　　　殿

　以下の事由により、あなたは当社を　令和5 年 8 月 31 日に退職したこと
を証明します。

令和5 年 12 月 1 日

事業主氏名又は名称　株式会社 緑商会

使用者職氏名　代表取締役 鈴木 太郎

① 　あなたの自己都合による退職　　（②を除く。）
② 　当社の勧奨による退職
③ 　定年による退職
④ 　契約期間の満了による退職
⑤ 　移籍出向による退職
⑥ 　その他（具体的には　　　　　　　　　　　　　　　）による退職
⑦ 　解雇（別紙の理由による。）

※　該当する番号に○を付けること。
※　解雇された労働者が解雇の理由を請求しない場合には、⑦の「（別紙の理由による。）」
　　を二重線で消し、別紙は交付しないこと。

第7章

社員の変動など
社員にかかわる事務

在職中の労働者の家族に変化があったとき

● 被扶養者に異動（増減）があった場合に提出する

被保険者が結婚や子供が生まれたことにより、被扶養者を有することとなった場合、逆に被扶養者が死亡したり、独立したりして被扶養者でなくなった場合に、「健康保険被扶養者（異動）届」を提出します。

【申請手続】

被保険者の被扶養者に異動（増減）があった場合、異動のあった日から起算して5日以内に、事業主が、健康保険被扶養者（異動）届（次ページ）を年金事務所または健康保険組合に提出します。

【添付書類】

① 扶養認定を受ける人の続柄が確認できる戸籍謄本（抄本）または住民票（ただし、事業主が続柄を確認し、届書にマイナンバーを記入している場合は省略可）

② 扶養認定を受ける人の収入を確認できる書類（ただし、事業主が所得税法上の控除対象配偶者または控除対象扶養親族であることを確認している場合は省略可）

③ 配偶者の年金手帳または基礎年金番号通知書（配偶者の第3号被保険者手続きを行う場合）

【ポイント】

この届出様式は、国民年金第3号被保険者にかかる届出と一体化した様式となっています。

【参考】

被扶養者となることができるのは、被保険者の配偶者、直系尊属、子、孫、兄弟姉妹と、被保険者と同居している3親等以内の親族、内縁関係の配偶者の父母および子、内縁関係の配偶者の死亡後、引き続

き同居している父母および子です。さらに、年収130万円未満（60歳以上の者、障害年金受給要件該当者は180万円未満）の収入要件があります。

国民年金の場合

国民年金の被保険者は、自営業者などの第1号被保険者、会社員などの第2号被保険者および第2号被保険者の被扶養配偶者で20歳以上60歳未満の者が該当する第3号被保険者の種別があります。第3号被保険者は、第2号被保険者の被扶養配偶者となったとき、または、第2号被保険者の被扶養配偶者でなくなったときに届け出なければなりません。

【申請手続】

第3号被保険者に関する手続は、事業主が行います。第2号被保険者の被扶養配偶者となった日または被扶養配偶者ではなくなった日から14日以内に年金事務所に「健康保険被扶養者（異動）届　国民年金第3号被保険者関係届」（書式1）を提出します。

【添付書類】

国民年金第3号被保険者の年金手帳または基礎年金番号通知書

【ポイント】

配偶者の収入（年収）欄には、今後1年間の年間収入見込額を記入します。収入には、障害・遺族年金や失業等給付など、非課税のものも含みますので注意が必要です。収入がない場合は、0と記入します。

【参考】

第2号被保険者が離職により第1号被保険者となった場合、その被扶養配偶者は第3号被保険者でなくなり、第1号被保険者となります。その場合は、自分で市区町村の役所窓口で手続きをする必要があります。事業主が行う手続ではありませんが、離職する第2号被保険者にアドバイスをするようにしましょう。

書式1　健康保険被扶養者（異動）届　国民年金第3号被保険者関係届（婚姻時）

様式コード 2 2 0 2	協会管掌事業所用	健康保険　被扶養者（異動）届 国民年金　第3号被保険者関係届

令和 5 年 8 月 21 日提出

受付印

事業主記入欄

届出記入の個人番号（基礎年金番号）に誤りがないことを確認しました。

事業所整理記号　○○－アイウ

事業所所在地　〒141-0000　品川区五反田1-2-3

事業所名称　株式会社 緑商会

事業主氏名　代表取締役 鈴木 太郎

電話番号　03（3321）1123

事業主等確認欄　収入に関する証明の添付が省略されている者は、所得税法上の控除対象配偶者・扶養親族であることを確認しました。　□確認

厚生年金保険者の配偶者にかかる届出の記載がある場合、同時に『国民年金第3号被保険者関係届』として受理し、配偶者を第3号被保険者に、第2号被保険者を配偶者として読み替えます。

社会保険労務士記載欄　氏名等

事業主等受付年月日　令和 5 年 8 月 21 日

A. 被保険者欄

①被保険者整理番号 3	②氏名（フリガナ カワムラ サトシ）（氏）河村（名）聡	③生年月日 5昭和 6 0 4 2 8	④性別 1男 2女
		⑤個人番号（基礎年金番号）2 3 4 5 6 7 8 9 0 1 2 3	個人番号を記入した場合は、住所記入は不要です。
⑥取得年月日 5昭和 7平成 9令和 2 9 0 4 0 3	収入（年収）400万		

※事業主が、認定を受ける方の続柄を裏面(a)の書類で確認した場合は、B欄⑩（又はC欄⑯）の「続柄確認済み」の□に✓を付してください。添付書類については裏面(a)(b)参照）

配偶者が被扶養者（第3号被保険者）になった場合は「該当」、被扶養者でなくなった場合は「非該当」、変更の場合は「変更」を○で囲んでください。

B. 配偶者である被扶養者（第3号被保険者）欄

①氏名 令和 5 年 8 月 21 日（フリガナ カワ ムラ ナツ ミ）（氏名）河村 夏美	⑧生年月日 5昭和 7平成 9令和 0 7 0 7 0 4	⑨性別 1男 3夫（未届）2女 4妻（未届）
※第3号被保険者関係届の提出は配偶者（第2号被保険者）に委任します✓	⑤個人番号（基礎年金番号）3 4 5 6 7 8 9 0 1 2 3 4	⑩外国籍 外国人通称名

⑦住所（1同居 2別居）112-0012 東京都文京区大塚2-4-6	電話番号（1自宅 2携帯 3勤務先 4その他）03（5544）3210

⑪該当	被扶養者該当年月日 令和 0 5 0 8 2 1	⑫理由 2配偶者の就職 4.収入増加 3.その他	⑬職業（1無職 4.その他 2.パート 5.) 3.年金受給者	収入（年収）0 円
□非該当 □変更	第3号被保険者非該当年月日 令和	理由 1死亡（令和 年 月 日）2離婚 4.75歳到達 3.就職・収入増加 5.障害認定 6.その他		

海外特例要件に該当した日 令和 年 月 日	理由 1.留学 3.海外婚姻 2.同行家族 4.その他 5.特定活動
海外特例要件に非該当となった日 令和 年 月 日	理由 1.国内転入（令和 年 月 日）2.その他	備考	種別 31 ※続柄確認済み ✓

⑳被扶養者でない配偶者を有するときに記入してください。　配偶者の収入（年収） 円

配偶者以外の方が被扶養者になった場合は「該当」、被扶養者でなくなった場合は「非該当」、変更の場合は「変更」を○で囲んでください。

C. その他の被扶養者欄1

①氏名（フリガナ）（氏）（名）	②生年月日 5昭和 7平成 9令和 年 月 日	性別 1男 2女	続柄 1.実子・養子 6.兄姉 2.1以外の子 7.祖父母 3.父母・養父母 8.曾祖父母 4.義父母 9.弟妹 5.その他 10.その他
⑤個人番号			
⑥住所（1.同居 2.別居）〒 －		海外特例要件	理由 1.留学 3.特定活動 5.その他 2.同行家族 4.海外婚姻

⑩該当 被扶養者になった日 9.令和 年 月 日	職業 1.無職 4.小・中学生以下 2.パート 5.高・大学生（ 年生）3.年金受給者 6.その他	⑮収入（年収）円	理由 1.出生 4.同居 2.離職 5.その他 3.収入減
□非該当 □変更 被扶養者でなくなった日 9.令和 年 月 日	理由 1死亡（令和 年 月 日）4.収入増加 2.離婚 5.障害認定 3.就職 7.75歳到達 6.その他	備考	※続柄確認済み □

C. その他の被扶養者欄2

①氏名（フリガナ）（氏）（名）	②生年月日 5昭和 7平成 9令和 年 月 日	性別 1男 2女	続柄 1.実子・養子 6.兄姉 2.1以外の子 7.祖父母 3.父母・養父母 8.曾祖父母 4.義父母 9.弟妹 5.その他 10.その他
⑤個人番号			
⑥住所（1.同居 2.別居）〒 －		海外特例要件	理由 1.留学 3.特定活動 5.その他 2.同行家族 4.海外婚姻

⑩該当 被扶養者になった日 9.令和 年 月 日	職業 1.無職 4.小・中学生以下 2.パート 5.高・大学生（ 年生）3.年金受給者 6.その他	⑮収入（年収）円	理由 1.出生 4.同居 2.離職 5.その他 3.収入減
□非該当 □変更 被扶養者でなくなった日 9.令和 年 月 日	理由 1死亡（令和 年 月 日）4.収入増加 2.離婚 5.障害認定 3.就職 7.75歳到達 6.その他	備考	※続柄確認済み □

※被扶養者の「該当」と「非該当（変更）」は同時に提出できません。「該当」「非該当」「変更」はそれぞれ別の用紙で提出してください。

扶養に関する申立書（添付書類の内容について補足する事項がある場合に記入してください）
申立の事実に相違ありません。　氏名

174

労働者の住所が変わった場合の健康保険の届出

● 従業員が住所変更を会社に届け出てから手続をする

健康保険・厚生年金保険の被保険者の住所が変更になった場合、被保険者の被扶養配偶者の住所が変更になった場合に提出します。ただし、マイナンバーと基礎年金番号が結びついている場合は届出は不要です。

【申請手続】

被保険者やその被扶養配偶者に住所変更があった場合に、事業主が、管轄の年金事務所に、すみやかに「健康保険・厚生年金保険被保険者住所変更届（国民年金第3号被保険者住所変更届）」（書式2）を提出します。

【添付書類】

添付書類はありません。

【ポイント】

この届出は、2枚目が「国民年金第3号被保険者住所変更届」となっています。被保険者のみ住所変更する場合は1枚目のみ提出します。また、被扶養配偶者が被保険者と同居している場合は、書式中段の「□被保険者は配偶者と同居している」の□欄にチェックをつけることで、1枚目2枚目ともに被扶養配偶者住所変更欄の記載は不要です。被扶養配偶者が被保険者と別の住所に変更するときは、被扶養配偶者住所変更欄の記載をします。

【参考】

従業員が住所変更を会社に届け出なければ、この手続はできません。住所変更は通勤手当にも影響があります。特に通勤手当が下がる場合、届出が遅れるケースがあります。日頃から社内手続きの徹底を図るとともに、情報収集にも気をつけなければなりません。

● 被扶養者の住所が変更した場合の年金の届出

　厚生年金保険の被保険者の被扶養配偶者の住所が変更になった場合に提出します。

【申請手続】

　被保険者の被扶養配偶者に住所変更があった場合に、事業主が、管轄の年金事務所に、すみやかに「国民年金第3号被保険者住所変更届」を提出します。被保険者も住所変更があるときは、「健康保険・厚生年金保険被保険者住所変更届」（次ページ）を一緒に提出し、被保険者の住所変更がないときは、「国民年金第3号被保険者住所変更届」のみを提出します。

【添付書類】

　添付書類はありません。

【ポイント】

　「国民年金第3号被保険者住所変更届」（書式2、178ページ）の右下に、国民年金第3号被保険者（被扶養配偶者）の記名欄があります。記入漏れのないよう注意してください。

【参考】

　被保険者の住所変更がなく、被扶養配偶者のみの住所変更の場合、なかなか会社に報告してもらえません。日頃から社内手続きの徹底を図るとともに、情報収集にも気をつけなければなりません。

書式2　健康保険・厚生年金保険被保険者住所変更届（国民年金第3号被保険者住所変更届）

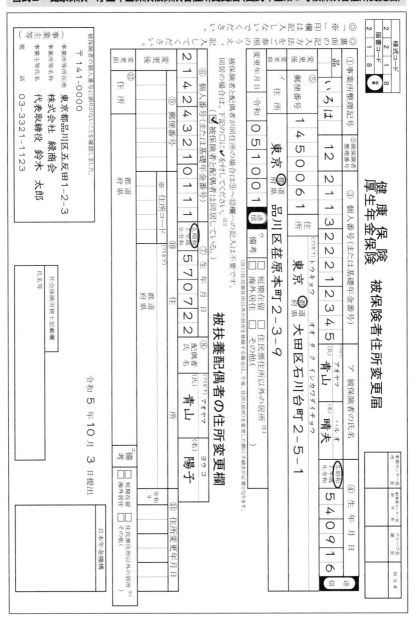

国民年金第3号被保険者住所変更届

様式コード

4	0	1
届書コード	1 同一市区町村内	
2	1	1

1 同一市区町村内
2 同一市区町村外

事業所整理記号 いろは

被保険者整理番号 12

事業主等受付年月日 令和 5 年 10 月 3 日提出

事業主等記入欄

〒141-0000
東京都品川区五反田1-2-3
株式会社 緑商会
代表取締役 鈴木 太郎
03-3321-1123

届出人の個人番号（基礎年金番号）に誤りがないことを確認しました。

※「届書コード」欄は記入しないでください。

配偶者記入欄

ア 個人番号（または基礎年金番号） 1 4 5 0 0 0 6 1

イ 配偶者の氏名
（フリガナ）トウキョウ アオヤマ ハルオ
（都道府県）東京 （氏）青山 （名）晴夫

個人番号（または基礎年金番号） 1 2 2 1 1 3 2 2 2 1 2 3 4 5

生年月日 ③昭和・平成・令和 5 4 0 9 1 6

住所 東京（都道府県）大田区石川台町2-5-1

郵便番号 0 5 1 0 0 0 1

住所コード

住所（都道府県）東京 品川区荏原本町2-3-9

被保険者記入欄

被保険者と配偶者が住所が同じ場合はウ〜⑦欄への記入は不要です。

☑被保険者と配偶者は同居している。

① 個人番号（または基礎年金番号） 2 1 4 2 4 3 2 1 0 1 0 1 1 1 1

② 生年月日 ⑤昭和・平成・令和 5 7 0 7 2 2

③ 被保険者氏名
（フリガナ）アオヤマ ヨウコ
（氏）青山 （名）陽子

④ 郵便番号

⑤ 住所コード

⑥ 住所変更年月日 令和 5 年 10 月 3 日

⑦ 住所 東京都大田区石川台町2-5-1

変更前 住所 令和

変更後 住所 令和

送信

国民年金第3号被保険者（第2号被保険者に委託します

日本年金機構

03 - 5656 - 7878

③ 労働者の氏名が変わった場合の社会保険の届出

● 届出漏れがないように注意する

被保険者の氏名が婚姻、離婚、養子縁組、離縁、あるいは戸籍上の名が変更になったときに提出します。ただし、マイナンバーと基礎年金番号が結びついている場合は届出は不要です。

【申請手続】

事業主は、被保険者の氏名に変更があった場合、あるいは、氏名を誤って届けてしまい、それを訂正する場合には、「健康保険・厚生年金保険被保険者氏名変更（訂正）届」（次ページ）を、年金事務所に遅滞なく提出します。

【添付書類】

・健康保険被保険者証（令和5年8月現在）
・年金手帳または基礎年金番号通知書

【ポイント】

健康保険（協会けんぽ）のみに加入している場合は、マイナンバーと基礎年金番号が結びついている場合でも届出が必要です。マイナンバーを有していない海外居住者や、短期在留外国人についても届出が必要になります。氏名変更の多くは結婚によるものです。社員が結婚すると、氏名変更届の他にもいくつかの届出が必要になる場合がほとんどです。そこで、届出漏れがないように必要手続きについてリストなどを作成して管理すると便利です。

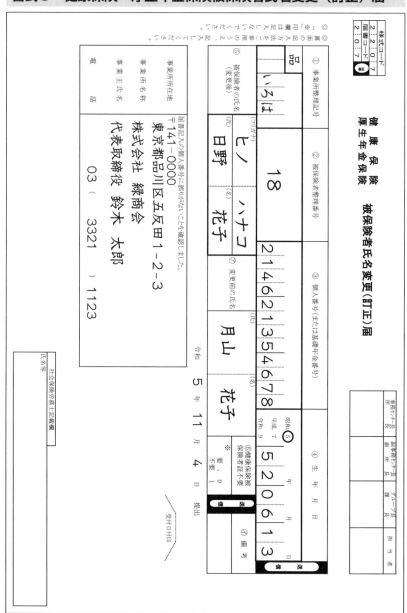

④ 産前産後休業期間の社会保険料免除

● 産前産後休業期間中の保険料が免除される

　女性の被保険者が出産をする場合、産前産後休業を取得します。その期間中の社会保険料が免除されます。

【申請手続き】

　被保険者からの申出により健康保険・厚生年金保険産前産後休業取得者申出書（書式4）を産前産後休業をしている間に事業主が提出します。所轄の年金事務所または、加入している健康保険組合に提出します。実際に保険料が免除されるのは、産前産後休業が開始された月から終了予定日の翌日の月の前月までとなっています。社会保険料は、「月分」で表現されます。具体例で見ていきましょう。出産予定日が6月30日だとすると、5月20日から産前休業を取得することが可能なので、ここでは5月20日から取得したものとします。産後休業は8月25日に終了予定となります。8月25日の翌日8月26日の前月は7月となりますので、この場合、5月分から7月分の保険料が本人分、会社負担分ともに免除されます。また「終了日の翌日の月の前月」となっているので注意が必要です。たとえば終了（終了日）が8月31日の場合、8月31日の前の月の7月ではなく、翌日の9月1日の前の月、8月までが対象になります。なお、添付書類はありません。

【ポイント】

　申出書を提出するのが出産後の場合には出産年月日も記入します。事業所整理記号、被保険者整理番号と基礎年金番号またはマイナンバーを必ず記入します。

書式4　健康保険・厚生年金保険産前産後休業取得者申出書

様式コード	健康保険 厚生年金保険	産前産後休業取得者 申出書/変更(終了)届
2 2 7 3		

令和 **5** 年 **5** 月 **23** 日提出

事業所 整理記号	01－イロハ	

届書記入の個人番号に誤りがないことを確認しました。

提出者記入欄

事業所所在地　〒145-0001
東京都大田区蒲田1-2-3

事業所名称　東西ソフトウェア株式会社

事業主氏名　代表取締役　東田　三郎

電話番号　03（3721）0123

受付印

社会保険労務士記載欄

氏名等

新規申出の場合は共通記載欄に必要項目を記入してください。

変更・終了の場合は、共通記載欄に産前産後休業取得時に提出いただいた内容を記入のうえ、A.変更・B.終了の必要項目を記入してください。

共通記載欄（取得申出）

① 被保険者整理番号	7	② 個人番号[基礎年金番号]	2 1 4 5 1 2 3 4 5 6 7 8

③ 被保険者氏名	(フリガナ) コウノ (氏) 甲野	(ハナコ) (名) 花子	④ 被保険者生年月日	5.昭和 7.平成 9.令和	年 月 日 6 1 1 0 1 7

⑤ 出産予定年月日	9.令和 0 5 0 6 3 0	出産種別	⓪ 単胎 1.多胎	※出産予定の子の人数が2人(双子)以上の場合に「1.多胎」を○で囲んでください。

⑥ 産前産後休業開始年月日	9.令和 0 5 0 5 2 0	⑦ 産前産後休業終了予定年月日	9.令和 0 5 0 8 2 5

⑨は、この申出書を出産後に提出する場合のみ記入してください。

⑧ 出産年月日	年 月 日

備考	

出産(予定)日・産前産後休業終了(予定)日を変更する場合 ※必ず共通記載欄も記入してください。

A.変更

⑩ 変更後の出産(予定)年月日	9.令和 年 月 日	変更後の出産種別	0. 単胎 1.多胎	※出産予定の子の人数が2人(双子)以上の場合に「1.多胎」を○で囲んでください。

⑪ 産前産後休業開始年月日	9.令和 年 月 日	⑭ 産前産後休業終了予定年月日	年 月 日

予定より早く産前産後休業を終了した場合 ※必ず共通記載欄も記入してください。

B.終了

⑮ 産前産後休業終了年月日	9.令和

○ 産前産後休業期間とは、出産日以前42日（多胎妊娠の場合は98日）～出産日後56日の間に、妊娠または出産を理由として労務に従事しない期間のことです。

○ この申出書を出産予定日より前に提出された場合で、実際の出産日が予定日と異なった場合は、再度『産前産後休業取得者変更届』（当届書の「共通記載欄」と「A.変更」欄に記入）を提出してください。休業期間の基準日である出産年月日がずれることで、開始・終了年月日が変更になります。

○ 産前産後休業取得申出時に記載した終了予定年月日より早く産休を終了した場合は、『産前産後休業終了届』（当届書の「共通記載欄」と「B.終了」欄に記入）を提出してください。

○ 保険料が免除となるのは、産前産後休業開始日の属する月分から、終了日翌日の属する月の前月分までとなります。

5 産前産後休業期間に変更があったときの社会保険の届出

● 健康保険・厚生年金保険産前産後休業取得者変更（終了）届の提出

産前産後休業を取得したことにより、「産前産後休業取得者申出書」を提出し、社会保険料の免除を受けている被保険者が、予定日より早く、または遅く出産して産前産後休業期間に変更があった場合や産前産後休業終了予定日前に産前産後休業を終了した場合には、その旨を届け出る必要があります。産前休業は出産予定日を基準に6週間前（多胎妊娠の場合は14週間前）から休業し、出産日が予定日と前後しても問題はありませんが、産後休業は実際の出産日を基準に8週間と定められています。そのため出産日が異なれば、産後休業の終了日も変更になりますので、その届出が必要になります。また、産後6週間を経過すれば、本人の希望により産後休業を終了することがあります。産前産後休業を開始した時点では8週間の産後休業を取得する予定でも、出産後の体調により職場復帰を早めることも考えられます。その場合も届出が必要です。

【申請手続き】

出産の日が予定日と異なることにより産前産後休業終了予定日が変更となる場合は産前産後休業期間内に、産前産後休業を予定より早めた場合はすみやかに事業主が年金事務所に健康保険・厚生年金保険産前産後休業取得者変更（終了）届（書式5）を提出します。添付書類はありません。

【ポイント】

産前産後休業終了予定年月日どおりに産前産後休業を終了する場合は、届出の必要はありません。書式は、出産日が予定日より遅くなったことで、産前産後休業を予定より遅く終了した場合の記載例です。

書式5　健康保険・厚生年金保険産前産後休業取得者変更（終了）届

様式コード	
2 2 7 3	

健康保険
厚生年金保険

産前産後休業取得者
~~申出書~~/変更（終了）届

令和 5 年 8 月 1 日提出

提出者記入欄

事業所整理記号	0 1 ー イロハ

届書記入の個人番号に誤りがないことを確認しました。

事業所所在地	〒145-0001　東京都大田区蒲田1－2－3
事業所名称	東西ソフトウエア株式会社
事業主氏名	代表取締役　東田三郎
電話番号	03（3721）0123

受付印

社会保険労務士記載欄
氏　名　等

新規申出の場合は共通記載欄に必要項目を記入してください。

変更・終了の場合は、共通記載欄に産前産後休業取得時に提出いただいた内容を記入のうえ、A.変更・B.終了の必要項目を記入してください。

共通記載欄（取得申出）

① 被保険者整理番号	7	② 個人番号[基礎年金番号]	2 1 4 5 1 2 3 4 5 6 7 8

③ 被保険者氏名	（フリガナ）コウノ（氏）甲野　（ハナコ）（名）花子	④ 被保険者生年月日	5.昭和 7.平成 9.令和　6 1 1 0 1 7

⑤ 出産予定年月日	9.令和　0 5 0 6 3 0	⑥ 出産種別	◯ 単胎　1.多胎 ※出産予定の子の人数が2人（双子）以上の場合に「1.多胎」を◯で囲んでください。

⑦ 産前産後休業開始年月日	9.令和　0 5 0 5 2 0	⑧ 産前産後休業終了予定年月日	9.令和　0 5 0 8 2 5

⑨は、この申出書を出産後に提出する場合のみ記入してください。

⑨ 出産年月日	9.令和	
備考		

A.変更

出産（予定）日・産前産後休業終了（予定）日を変更する場合　※必ず共通記載欄も記入してください。

⑪ 変更後の出産（予定）年月日	9.令和　0 5 0 7 0 5	⑫ 変更後の出産種別	◯ 単胎　1.多胎 ※出産予定の子の人数が2人（双子）以上の場合に「1.多胎」を◯で囲んでください。

⑬ 産前産後休業開始年月日	9.令和	⑭ 産前産後休業終了予定年月日	9.令和　0 5 0 8 3 0

B.終了

予定より早く産前産後休業を終了した場合　※必ず共通記載欄も記入してください。

⑮ 産前産後休業終了年月日	9.令和	

○ 産前産後休業期間とは、出産日以前42日（多胎妊娠の場合は98日）～出産日後56日の間に、妊娠または出産を理由として労務に従事しない期間のことです。

○ この申出書を出産予定日より前に提出された場合で、実際の出産日が予定日と異なった場合は、再度『産前産後休業取得者変更届』（当届書の「共通記載欄」と「A.変更」欄に記入）を提出してください。休業期間の基準日である出産年月日がずれることで、開始・終了年月日が変更になります。

○ 産前産後休業取得申出時に記載した終了予定年月日より早く産休を終了した場合は、『産前産後休業終了届』（当届書の「共通記載欄」と「B.終了」欄に記入）を提出してください。

○ 保険料が免除となるのは、産前産後休業開始日の属する月分から、終了日翌日の属する月の前月分までとなります。

6 産前産後休業の終了後に賃金が低下した場合の社会保険の届出

● 産前産後休業終了時報酬月額変更届を提出する

　産前産後休業後すぐに職場復帰しても、すぐには以前と同じようには働けないことがあります。労働日数を減らしたり労働時間を短縮して勤務した場合は、一般的に賃金も減額されます。通常であれば賃金が減額となっても、３か月間の平均で標準報酬月額が２等級以上の差がないと社会保険料は改定されません。

　ただ、それでは、産前産後休業を取得した労働者に大きな負担となってしまいます。そこで、産前産後休業を終了して復職し、賃金が下がった場合には、３か月の賃金の平均の標準報酬月額が従前の標準報酬月額と比較して、１等級以上の差が生じる場合には、４か月目から標準報酬月額が改定されます。

　ただし、産前産後休業終了日の翌日の属する月以後３か月で少なくても１か月は賃金の支払の基礎となる日数が17日以上あることが必要です。たとえば８月31日に産前産後休業が終了した場合は、その翌日９月１日の属する月から３か月、つまり９月、10月、11月のうちいずれかは17日以上の出勤日または有給休暇などの賃金計算の対象となる日がなければなりません。

【申請手続き】

　事業主は年金事務所に健康保険・厚生年金保険産前産後休業終了時報酬月額変更届（書式６）を提出します。添付書類はありません。

【ポイント】

　産前産後休業終了日の翌日から育児休業を取得する場合は対象外となります。

書式6 健康保険・厚生年金保険産前産後休業終了時報酬月額変更届

様式コード		
2	2 2 3	

健康保険
厚生年金保険 **産前産後休業終了時報酬月額変更届**
厚生年金保険 70歳以上被用者産前産後休業終了時報酬月額相当額変更届

令和 5 年 11月 5 日提出

提出者記入欄

事業所整理記号	0 1 － イ ロ ハ

届書記入の個人番号に誤りがないことを確認しました。

事業所所在地 〒145－0001
東京都大田区蒲田1-2-3

事業所名称 東西ソフトウェア株式会社

事業主氏名 代表取締役 東田 三郎

電話番号 03 （ 3721 ）0123

受付印

社会保険労務士記載欄

氏 名 等

申出者欄

☑ 産前産後休業を終了した際の標準報酬月額の改定について申出します。
（健康保険法施行規則第38条の3及び厚生年金保険法施行規則第10条の2）
※必ず□に✔を付けてください。

令和 5 年 11 月 4 日

日本年金機構理事長あて

住所 〒111－2345 東京都大田区西雪谷2-3-6

氏名 甲野 花子

電話 03 （3786）0123

被保険者欄

①被保険者整理番号	7	②個人番号[基礎年金番号]	2 1 4 5 1 2 3 4 5 6 7 8		

③被保険者氏名	(フリガナ) コウノ (氏) 甲野	(名) ハナコ 花子	④被保険者生年月日	⑤昭和 7.平成 9.令和	年 月 日 6 1 1 0 1 7		

子の氏名	(フリガナ) コウノ (氏) 甲野	(名) イチロウ 一郎	子の生年月日	9.令和 0 5 0 7 0 5	⑦産前産後休業終了年月日 9.令和 0 5 0 8 3 0

⑧給与支給月及び報酬月額	支給月	給与計算の基礎日数	⑦通貨	⑦現物	⑦合計	⑨総計
	8 月	0 日	0 円	0 円	0 円	5 0 0 0 0 0 円
	9 月	31 日	260,000 円	0 円	260,000 円	⑩平均額 2 5 0 0 0 0 円
	10 月	30 日	240,000 円	0 円	240,000 円	⑪修正平均額 円

⑫従前標準報酬月額	健 280 千円 厚 280 千円	⑬昇給降給	月 1. 昇給 2. 降給	⑭遡及支払額	月 円	⑮遡及支払額	⑯改定年月 5 年 11 月

⑰給与締切日・支払日	締切日 月末 当月 翌月 日	支払日 翌月 15日 当月 翌月 日	⑱備考	該当する項目を○で囲んでください。 1. 70歳以上被用者 2. 二以上勤務被保険者 3. 短時間労働者 4. パート 5. その他（ ） （特定適用事業所等）

月変該当の確認	産前産後休業を終了した日の翌日に引き続いて、育児休業等を開始していませんか。	該当する場合はチェックしてください ☑ 開始していません	※ 産前産後休業を終了した日の翌日に引き続いて育児休業等を開始した場合は、この申出はできません。

○ **産前産後休業終了時報酬月額変更届とは**

産前産後休業終了日に当該産前産後休業に係る子を養育している被保険者は、一定の条件を満たす場合、随時改定に該当しなくても、産前産後休業 終了日の翌日が属する月以後3カ月間に受けた報酬の平均額に基づき、4カ月目の標準報酬月額から改定することができます。 ただし、産前産後休業を終了した日の翌日に引き続いて育児休業等を開始した場合は、この申出はできません。

○ **変更後の標準報酬月額が以前より下がった方へ**

3歳未満の子を養育する被保険者または被保険者であった者で、養育期間中の各月の標準報酬月額が、養育開始月の前月の標準報酬月額を下回る場合、「養育期間の従前標準報酬月額みなし措置」という制度をご利用いただけます。この申出をいただきますと、将来の年金額の計算時には養育期間以前の従前標準報酬月額を用いることができますので、「産前産後休業終了時報酬月額変更届」とあわせて、「養育期間標準報酬月額特例申出書」を提出してください。

被保険者が出産のため休業して給料がでない場合

● 出産予定日より遅れて出産した場合は遅れた期間についても支給される

　被保険者が出産のため会社を休み、給料（報酬）を受けられないときは、出産日（出産予定日より遅れた場合は予定日）以前42日（多胎妊娠のときは98日）から出産日後56日までの期間支給されます。1日あたりの金額は、支給開始日以前12か月間の各標準報酬月額を平均した額÷30日の3分の2の額です。

【申請手続・添付書類】

　産前、産後別または産前産後一括してそれぞれの期間経過後に、事業所管轄の全国健康協会の都道府県支部または会社の健康保険組合に、「健康保険出産手当金支給申請書」（書式7）を提出します。出産手当金を受けられる日ごとにその翌日から起算して2年で時効となり、請求権がなくなりますので注意が必要です。添付書類は原則不要ですが、被保険者証の記号と番号が不明な場合に、マイナンバーを記載した場合は、本人確認書類の添付が必要になります。

【ポイント】

　健康保険出産手当金支給申請書を作成する際には、以下の点に注意が必要です。

・申請書の2ページ目（被保険者・医師・助産師記入用）の申請内容②欄には、出産前の申請か、出産後の申請かについて記入します。出産前に請求するときは③－1欄に出産予定日を記入します。出産後に申請する場合には、③－2欄に実際の出産日を記載します。

・申請内容①の申請期間欄には、出産のため労務に服さなかった期間（公休日を含む）を記入します。

・⑤−1欄は、申請期間に報酬を受けたかどうかについて「1.はい」か「2.いいえ」を選択します。

・申請書の2ページ目の医師・助産師による証明欄に、出産についての医師または助産師の証明をもらいます。

・産前42日、産後56日の日数を数えるとき、出産日当日は産前に含めます。出産日が出産予定日より遅れた場合、産前42日は出産予定日当日より数えて前42日間、実際の出産日の翌日から56日間が出産手当金の支給対象期間です。この間、休業し、給料が出ない期間について支給されます（93ページ図参照）。

・給料が支払われないとは、まったく支払われない場合だけでなく、出産手当金の額に満たない給料の場合も対象となります。その場合は、出産手当金との差額が支給されます。

・出産手当金の支給期間中に傷病手当金も受けられるときは出産手当金が優先し、傷病手当金は支給されません。

　なお、令和5年1月より新様式になったことで、記入の仕方が変更になりました。特に、3ページ目の事業主が証明するところについては、間違えて記入をすると出産手当金の支給に影響がある可能性があるため注意が必要です。

　3ページ目の勤務状況については、従来のように公休日や有給休暇取得日、欠勤日を記入するのではなく、出勤した日のみを○で囲むように変更になりました。報酬を記入する欄についても、従来のように出勤した日の日付と支払われた報酬を記入するのではなく、出勤していない日に支払われたもの（有給休暇や1か月に固定で支払われる手当など）を記入します。

書式7　健康保険出産手当金支給申請書

健康保険 出産手当金 支給申請書　1 2 3 ページ　被保険者記入用　(手)

被保険者本人が出産のため会社を休み、その間の給与の支払いを受けられない場合の生活保障として、給付金を受ける場合にご使用ください。なお、記入方法および添付書類等については「記入の手引き」をご確認ください。

被保険者（申請者）情報

被保険者証	記号（左づめ）	番号（左づめ）	生年月日
	7 1 0 1 0 2 0 3 1 2		1.昭和 2.平成 3.令和 → 1 6 1 年 1 0 月 1 0 日

氏名（カタカナ）	ミナミカワ　ヨウコ

姓と名の間は1マス空けてご記入ください。濁点（゛）、半濁点（゜）は1字としてご記入ください。

氏名	南川　洋子

※申請者はお勤めされている（いた）被保険者です。被保険者がお亡くなりになっている場合は、相続人よりご申請ください。

郵便番号（ハイフン除く）	1 4 5 0 0 0 3	電話番号（左づめハイフン除く）	0 3 3 7 2 0 2 4 5 6

住所	東京 ㉠都道府県　大田区池上東2-2-2

振込先指定口座

振込先指定口座は、上記申請者氏名と同じ名義の口座をご指定ください。

金融機関名称	東西	⃝銀行　金庫　信組　農協　漁協　その他（　）	支店名	池上	⃝本店　支店　代理店　出張所　本店営業部　本所　支所
預金種別	1 普通預金		口座番号（左づめ）	1 1 2 2 3 3 3	

ゆうちょ銀行の口座へお振り込みを希望される場合、支店名は3桁の漢数字を、口座番号は振込専用の口座番号（7桁）をご記入ください。
ゆうちょ銀行口座番号（記号・番号）ではお振込できません。

「被保険者・医師・助産師記入用」は2ページ目に続きます。》》》

被保険者証の記号番号が不明の場合は、被保険者のマイナンバーをご記入ください。
（記入した場合は、本人確認書類等の添付が必要となります。）　▶

社会保険労務士の提出代行者名記入欄	

――― 以下は、協会使用欄のため、記入しないでください。 ―――

MN確認（被保険者）	☐	1. 記入有（添付あり）2. 記入有（添付なし）3. 記入無（添付あり）			受付日付印
添付書類	職歴 ☐ 1.添付 2.不備	戸籍（法定代理） ☐ 1.添付	口座証明 ☐ 1.添付		
6 1 1 1 1 1 0 1	その他 ☐ 1.その他	（理由）	枚数 ☐☐		(2023.3)

⃝ 全国健康保険協会 協会けんぽ　　(1/3)

健康保険 出産手当金 支給申請書

被保険者・医師・助産師記入用

被保険者氏名 南川　洋子

申請内容

①	申請期間 (出産のために休んだ期間)	令和 05 年 06 月 21 日 から 令和 05 年 09 月 09 日
②	今回の出産手当金の申請は、出産前の申請ですか、出産後の申請ですか。	2　1. 出産前　2. 出産後
③	③−1 出産予定日	令和 05 年 07 月 20 日
	③−2 出産年月日 (出産後の申請の場合はご記入ください。)	令和 05 年 07 月 15 日
④	④−1 出生児数	1 人　　出産前の申請の場合、予定の出生児数をご記入ください。
	④−2 死産児数	人
⑤	⑤−1 申請期間(出産のために休んだ期間)に報酬を受けましたか。	1　1. はい　➡ ⑤−2へ　2. いいえ
	⑤−2 受けた報酬は事業主証明欄に記入されている内容のとおりですか。	1　1. はい　2. いいえ　➡ 事業主へご確認のうえ、正しい証明を受けてください。

医師・助産師による証明

出産者氏名 (カタカナ)	ミ ナ ミ カ ワ ヨ ウ コ
	姓と名の間は1マス空けてご記入ください。濁点(ﾞ)、半濁点(ﾟ)は1字としてご記入ください。
出産予定日	令和 05 年 07 月 20 日
出産年月日	令和 05 年 07 月 15 日
出生児数	1 人　　出産前の申請の場合、予定の出生児数をご記入ください。
死産児数	人
死産の場合の妊娠日数	日

上記のとおり相違ないことを証明します。

医療施設の所在地	〒143-0003 東京都大田区大森2-4-5	令和 05 . 09 月 18 日
医療施設の名称	大田病院	
医師・助産師の氏名	大田　花子	
電話番号	03−3745−6789	

「事業主記入用」は3ページ目に続きます。≫≫≫

6 1 1 2 1 1 0 1

全国健康保険協会
協会けんぽ

2/3

健康保険 出産手当金 支給申請書

事業主記入用

労務に服さなかった期間（申請期間）の勤務状況および賃金支払い状況等をご記入ください。

被保険者氏名 （カタカナ）	ミ ナ ミ カ ワ ヨ ウ コ

姓と名の間は1マス空けてご記入ください。濁点（゛）、半濁点（゜）は1字としてご記入ください。

勤務状況 2ページの申請期間のうち、出勤した日付を【〇】で囲んでください。「年」「月」については出勤の有無に関わらずご記入ください。

令和	0 5 年	0 6 月	1 2 3 4 5 6 7 8 9 10 11 12 13 14 15 16 17 18 19 20 21 22 23 24 25 26 27 28 29 30 31
令和	0 5 年	0 7 月	1 2 3 4 5 6 7 8 9 10 11 12 13 14 15 16 17 18 19 20 21 22 23 24 25 26 27 28 29 30 31
令和	0 5 年	0 8 月	1 2 3 4 5 6 7 8 9 10 11 12 13 14 15 16 17 18 19 20 21 22 23 24 25 26 27 28 29 30 31
令和	0 5 年	0 9 月	⑯ ⑰ ⑱ ⑲ 20 21 22 23 24 25 26 27 28 29 30 31
令和	年	月	1 2 3 4 5 6 7 8 9 10 11 12 13 14 15 16 17 18 19 20 21 22 23 24 25 26 27 28 29 30 31

2ページの申請期間のうち、出勤していない日（上記【〇】で囲んだ日以外の日）に対して、報酬等を※）を支給した日がある場合は、支給した日と金額をご記入ください。
※有給休暇の場合の賃金、出勤等の有無に関わらず支給している手当（扶養手当・住宅手当等）、食事・住居等現物支給しているもの等

事業主が証明するところ

		から			
例	令和 0 5 年 0 2 月 0 1 日	から	0 5 年 0 2 月 2 8 日	3 0 0 0 0 0 円
①	令和 0 5 年 0 9 月 1 0 日	から	0 5 年 0 9 月 1 2 日	3 1 8 0 0 円
②	令和 年 月 日	から	年 月 日	円
③	令和 年 月 日	から	年 月 日	円
④	令和 年 月 日	から	年 月 日	円
⑤	令和 年 月 日	から	年 月 日	円
⑥	令和 年 月 日	から	年 月 日	円
⑦	令和 年 月 日	から	年 月 日	円
⑧	令和 年 月 日	から	年 月 日	円
⑨	令和 年 月 日	から	年 月 日	円
⑩	令和 年 月 日	から	年 月 日	円

上記のとおり相違ないことを証明します。

事業所所在地 〒141-0000 東京都品川区五反田1－2－3　　令和 0 5 年 0 9 月 2 9 日

事業所名称 **株式会社 緑商会**

事業主氏名 **代表取締役 鈴木 太郎**

電話番号 03－3321－1123

6 1 1 3 1 1 0 1

全国健康保険協会
協会けんぽ

(3/3)

社会保険の被保険者が育児休業を開始するときの届出

● 育児休業中は本人・事業主ともに社会保険料が免除される

育児休業期間中は、労働者の収入が少なくなることがあります。このため、社会保険料の納付が免除される制度が設けられています。

免除される社会保険料は、健康保険料（介護保険料を含む）、厚生年金保険料です。この場合、労働者本人の負担分だけでなく、会社負担分についても免除されます。免除される期間は、育児休業開始月から育児休業終了月の前月（育児休業終了日が月の末日の場合は育児休業終了月）までです。社会保険料の免除と、後述する養育期間の従前標準報酬月額のみなし措置が受けられるのは、育児休業と子が3歳になるまでの育児休業に準じる休業です。子が3歳になるまでの育児休業に準じる休業については、休業期間中でも子が3歳になれば、保険料の免除とみなし措置は終了します。社会保険料の支払いが免除されてもその期間中は保険料を支払ったものとして扱われますので、健康保険や介護保険の給付を受けることは可能です。

【申請手続・ポイント】

事業所所轄の年金事務所に健康保険・厚生年金保険育児休業等取得者申出書（書式8）を提出します。添付書類は特にありません。

・育児休業を開始した年月日と終了（予定）年月日が同一月内の場合は、⑫欄には取得日数、⑬欄には就労予定日数を必ず記入します。

・同一月内に複数回の育児休業を取得した場合は、⑩欄には初回の育児休業開始年月日を、⑪欄には最終回の育児休業終了（予定）年月日を記入し、C.育休等取得内訳欄にも記入をします。

・記載欄⑪の養育のため休業する期間は、1歳まで育児休業をする場合、対象となる子の誕生日の前日を記入します。

様式コード				
2 2 6 3				

健康保険
厚生年金保険

育児休業等取得者
申出書(新規・延長)/終了届

令和 5 年 8 月 8 日提出

提出者記入欄	事業所整理記号	01-イロハ	受付印

届書記入の個人番号に誤りがないことを確認しました。

	事業所所在地	〒145-0001 東京都大田区蒲田1-2-3
	事業所名称	東西ソフトウェア株式会社
	事業主氏名	代表取締役 東田 三郎
	電話番号	03 (3721) 0123

社会保険労務士記載欄
氏 名 等

新規申出の場合は共通記載欄に必要項目を記入してください。

延長・終了の場合は、共通記載欄に育児休業取得時に提出いただいた内容を記入のうえ、A延長 B.終了の必要項目を記入してください。

≪「⑩育児休業等開始年月日」と「⑪育児休業等終了(予定)年月日の翌日」が同月内の場合≫

・共通記載欄の⑫育児休業等取得日数欄と⑬就業予定日数欄を必ず記入してください。
・同月内に複数回の育児休業を取得した場合は、⑩育児休業等開始年月日欄に、初回の育児休業等開始年月日を、
⑪育児休業等終了予定年月日欄に最終回の育児休業等終了予定年月日を記入のうえ、C.育休等取得内訳を記入してください。

共通記載欄(新規申出)

① 被保険者整理番号	7		② 個人番号[基礎年金番号]	2 1 4 5 1 2 3 4 5 6 7 8

③ 被保険者氏名	(フリガナ) コウノ (氏) 甲野	(フリガナ) ハナコ (名) 花子	④ 被保険者生年月日	⑤昭和 7.平成 9.令和 6 3 1 0 1 7	⑥ 被保険者性別 1.男 2.女

⑦ 養育する子の氏名	(フリガナ) コウノ (氏) 甲野	(フリガナ) イチロウ (名) 一郎	⑧ 養育する子の生年月日	9.令和 0 5 0 6 1 1

⑨ 区分	1.実子 2.その他	※「2.その他」の場合は、⑨養育開始年月日(実子以外)も記入してください。	養育開始年月日(実子以外) 9.令和

⑩ 育児休業等開始年月日	9.令和 0 5 0 8 0 7	⑪ 育児休業等終了(予定)年月日	9.令和 0 6 0 6 1 0

⑫ 育児休業等取得日数	⑬ 就業予定日数	⑭ パパママ育休プラス該当区分 □ 該当	⑮ 備考

A.延長 終了予定日を延長する場合 ※必ず共通記載欄も記入してください。

⑯ 育児休業等終了(予定)年月日(変更後)	9.令和	※延長後の⑯育児休業等終了(予定)年月日の翌日」と同月内の場合は、⑰変更後の育児休業等取得日数も記入してください。	⑰ 変更後の育児休業等取得日数

B.終了 予定より早く育児休業を終了した場合 ※必ず共通記載欄も記入してください。

⑱ 育児休業等終了年月日	9.令和	※「⑱育児休業等終了年月日の翌日」が育児休業等開始年月日」と同月内の場合は、⑲変更後の育児休業等取得日数も記入してください。	⑲ 変更後の育児休業等取得日数

C.育休等取得内訳 「育児休業等開始年月日」と「育児休業等終了(予定)年月日の翌日」が同月内、かつ複数回育児休業等を取得する場合 ※必ず共通記載欄も記入してください。

		育児休業等開始年月日		育児休業等終了(予定)年月日		育児休業等取得日数	就業予定日数
1	⑳	9.令和	㉑	9.令和	㉒		
2	㉓	9.令和	㉔	9.令和	㉕		
3	㉖	9.令和	㉗	9.令和	㉘		
4	㉙	9.令和	㉚	9.令和	㉛		

⑨ 育児休業を終了予定日より早く終了した場合

● 予定より早く育児休業が終了した場合の事業主の届出

　育児休業を取得することにより、社会保険料の免除を受けている被保険者が育児休業の終了予定日より早く育児休業を終了することがあります。その場合は終了予定日の前に育児休業を終了したという届出が必要となります。育児休業を終了する事由として、職場に復帰する場合だけでなく、次の子の出産に関し、産前産後休業を取得する場合もあります。産前産後休業を取得する場合は産前休業が育児休業に優先されます。次の子の出産後は産後休業になります。

【申請手続き】

　事業主が健康保険・厚生年金保険育児休業等取得者終了届（書式9）を年金事務所に提出します。

【添付書類】

　添付資料はありません。

【書式作成のポイント】

　育児休業等期間が終了した日にはその理由により、復職した日の前日、次の子の産前産後休業開始日の前日、子の死亡した日を記入します。

【参考】

　終了予定年月日前に育児休業を終了することとなる場合には、おもに当初の予定より早く復職する場合や被保険者が次の子の産前産後休業を取得する場合だけではなく、養育している子が死亡した場合などがあります。

書式9 健康保険・厚生年金保険育児休業等取得者終了届

様式コード: 2 2 6 3

健康保険　厚生年金保険

**育児休業等取得者
申出書(新規・延長)/終了届**

令和 6 年 5 月 6 日提出

事業所整理記号: 0 1 ー イ ロ ハ

受付印

提出者記入欄

事業所所在地	〒145 - 0001　東京都大田区蒲田1-2-3
事業所名称	東西ソフトウェア株式会社
事業主氏名	代表取締役 東田 三郎
電話番号	03 (3721) 0123

届書記入の個人番号に誤りがないことを確認しました。

社会保険労務士記載欄

氏 名 等

新規申出の場合は共通記載欄に必要項目を記入してください。
延長・終了の場合は、共通記載欄に育児休業取得時に提出いただいた内容を記入のうえ、A延長 B.終了の必要項目を記入してください。

≪「⑩育児休業等開始年月日」と「⑪育児休業等終了(予定)年月日の翌日」が同月内の場合≫

・共通記載欄の⑫育児休業等取得日数欄と⑬就業予定日数欄を必ず記入してください。
・同月内に複数回の育児休業を取得した場合は、⑩育児休業等開始年月日欄に、初回の育児休業等開始年月日を、⑪育児休業等終了予定年月日欄に最終回の育児休業等終了予定年月日を記入のうえ、C.育休等取得内訳を記入してください。

共通記載欄〈新規申出〉

① 被保険者整理番号	7	② 個人番号[基礎年金番号]	1 2 3 4 5 6 7 8 9 0 1 2		
③ 被保険者氏名	(フリガナ コウノ) (氏) 甲野　(名 ハナコ) 花子	④ 被保険者生年月日	⑤ 5.昭和 7.平成 9.令和　6 3 1 0 1 7	⑥ 被保険者性別	1. 男 2. 女
⑤ 養育する子の氏名	(フリガナ コウノ) (氏) 甲野　(名 イチロウ) 一郎	⑦ 養育する子の生年月日	9.令和　0 5 0 6 1 1		
⑧ 区分	1.実子　2.その他 ※「2.その他」の場合は、⑨養育開始年月日(実子以外)も記入してください。	⑨ 養育開始年月日(実子以外)	9.令和		
⑩ 育児休業等開始年月日	9.令和　0 5 0 8 0 7	⑪ 育児休業等終了(予定)年月日	9.令和　0 6 0 6 1 0		

⑫ 育児休業等取得日数 ※「育児休業等開始年月日」と「⑪育児休業等終了(予定)年月日の翌日」が同月内の場合に記入してください。	⑬ 就業予定日数 ※「育児休業等開始年月日」と「⑪育児休業等終了(予定)年月日の翌日」が同月内の場合に記入してください。	⑭ パパママ育休プラス該当区分 □ 該当 ※パパママ育休プラスに該当する場合に記入してください。	備 考

A. 延長

終了予定日を延長する場合　※必ず共通記載欄に記入してください。

⑮ 育児休業等終了(予定)年月日(変更後)	9.令和

※延長後の「⑪育児休業等終了(予定)年月日の翌日」が「⑩育児休業等開始年月日」と同月内の場合は、⑰変更後の育児休業等取得日数も記入してください。

⑰ 変更後の育児休業等取得日数

B. 終了

予定より早く育児休業を終了した場合　※必ず共通記載欄に記入してください。

⑯ 育児休業等終了年月日	9.令和　0 6 0 4 3 1

※「⑯育児休業等終了年月日の翌日」が「⑩育児休業等開始年月日」と同月内の場合は、⑲変更後の育児休業等取得日数も記入してください。

⑲ 変更後の育児休業等取得日数

C. 育休等取得内訳

「育児休業等開始年月日」と「育児休業等終了(予定)年月日の翌日」が同月内、かつ複数回育児休業等を取得する場合　※必ず共通記載欄にも記入してください。

1	⑳ 育児休業等開始年月日	9.令和	㉑ 育児休業等終了(予定)年月日	9.令和	㉒ 育児休業等取得日数	9.令和	㉓ 就業予定日数
2	㉔ 育児休業等開始年月日	9.令和	㉕ 育児休業等終了(予定)年月日	9.令和	㉖ 育児休業等取得日数		㉗ 就業予定日数
3	㉘ 育児休業等開始年月日	9.令和	㉙ 育児休業等終了(予定)年月日	9.令和	㉚ 育児休業等取得日数		㉛ 就業予定日数
4	㉜ 育児休業等開始年月日	9.令和	㉝ 育児休業等終了(予定)年月日	9.令和	㉞ 育児休業等取得日数		㉟ 就業予定日数

育児休業を開始したことで賃金が低下した場合の届出

● 育児休業等終了時報酬月額変更届を提出する

　育児休業を終了して職場復帰しても、以前と同じように勤務することは難しいことです。育児のないときと同じように残業をするのは、なかなかできませんので、収入が減少してしまいます。一方、社会保険料は次回の定時決定まで固定となるため、労働者にとっては大きな負担となります。また、固定的賃金の変動がなければ随時改定による標準報酬月額の改定も認められません。

　そこで、育児休業を終了して3歳未満の子を養育している場合に限り、固定的賃金の変動がなくても標準報酬月額を改定することができる手続きが認められています。

【申請手続】

　育児休業終了日の翌日の属する月以後3か月間に受けた報酬の平均により標準報酬月額が決定します。申請手続きは、育児休業等終了時報酬月額変更届（書式10）を管轄の年金事務所に提出します。

【添付書類】

　ありません。

【ポイント】

　1か月の報酬の基礎となる日数（出勤日）が17日未満の月を除外します。

【参考】

　育児休業の翌日が属する月を1か月目として、4か月目の標準報酬月額から改定されます。

書式10 健康保険・厚生年金保険育児休業等終了時報酬月額変更届

健康保険
厚生年金保険 育児休業等終了時報酬月額変更届
厚生年金保険 70歳以上被用者育児休業等終了時報酬月額相当額変更届

様式コード	
2 2 2 2	

令和 6 年 7 月 12日提出

提出者記入欄

事業所整理記号　**01－イロハ**

届書記入の個人番号に誤りがないことを確認しました。

事業所所在地　〒145-0001
東京都大田区蒲田1－2－3

事業所名称　東西ソフトウェア株式会社

事業主氏名　代表取締役 東田 三郎

電話番号　03 （ 3721 ） 0123

受付印

社会保険労務士記載欄
氏 名 等

申出者欄

☑育児休業等を終了した際の標準報酬月額の改定について申出します。
（健康保険法施行規則第38条の2及び厚生年金保険法施行規則第10条）
※必ず□に✓を付けてください。

令和 5 年 7 月 1 日

日本年金機構理事長あて

住所　〒146-0006 東京都大田区大森1－4－8

氏名　甲野 花子　　電話　03 （ 3720 ） 1234

被保険者欄

① 被保険者整理番号　**7**
② 個人番号[基礎年金番号]　**2145123456**

③ 被保険者氏名　（フリガナ）コウノ （氏）甲野　ハナコ （名）花子
④ 被保険者生年月日　5.昭和 7.平成 9.令和　**631017**

子の氏名　（フリガナ）コウノ （氏）甲野　イチロウ （名）一郎
⑤ 子の生年月日　7.平成 9.令和　**050611**
育児休業等終了年月日　9.令和　**060430**

⑥ 給与支給月及び報酬月額	支給月	給与計算の基礎日数	⑦ 通貨	⑦ 現物	⑦ 合計		
	5 月	0 日	0 円	0 円	0 円	⑨ 総計	440000 円
	6 月	31 日	220,000 円	0 円	220,000 円	⑩ 平均額	220000 円
	7 月	30 日	220,000 円	0 円	220,000 円	⑪ 修正平均額	円

⑫ 従前標準報酬月額		⑬ 昇給降給	⑭ 遡及支払額		⑮ 改定年月
健 280 千円 厚 280 千円		1. 昇給 2. 降給　月	遡及支払額　月　円		6 年 8 月

⑯ 給与締切日・支払日　締切日 末日　支払日 10（翌月）

⑰ 備考　該当する項目を○で囲んでください。
1. 70歳以上被用者　2. 二以上勤務被保険者　3. 短時間労働者（特定適用事業所等）　4. パート　5. その他（　）

月額該当の確認　育児休業等を終了した日の翌日に引き続いて、産前産後休業を開始していませんか。　☑ 開始していません
※ 育児休業等を終了した日の翌日に引き続いて産前産後休業を開始した場合は、この申出はできません。

○ 育児休業等終了時報酬月額変更届とは
「育児休業、介護休業等育児又は家族介護を行う労働者の福祉に関する法律」による満3歳未満の子を養育するための育児休業等（育児休業及び育児休業に準ずる休業）終了日に3歳未満の子を養育している被保険者は、一定の条件を満たす場合、随時改定に該当しなくても、育児休業終了日の翌日が属する月以後3カ月間に受けた報酬の平均額に基づき、4カ月目の標準報酬月額から改定することができます。ただし、育児休業等を終了した日の翌日に引き続いて産前産後休業を開始した場合は、この申出はできません。

○ 変更後の標準報酬月額が以前より下がった方へ
3歳未満の子を養育する被保険者または被保険者であった者で、養育期間中の各月の標準報酬月額が、養育開始月の前月の標準報酬月額を下回る場合、「養育期間の従前標準報酬月額みなし措置」という制度をご利用いただけます。この申出をいただきますと、将来の年金額の計算時には養育期間以前の従前標準報酬月額を用いることができますので、「育児休業等終了時報酬月額変更届」とあわせて、「養育期間標準報酬月額特例申出書」を提出してください。

養育期間中の賃金が低下したときの届出

● 養育期間標準報酬月額特例申出書を提出する

　厚生年金の場合、標準報酬月額が下がって年金保険料が減額されると、その分将来受け取る年金額も減ってしまうことになります。このため、3歳未満の子を養育している期間中に標準報酬月額が低下する場合は、子の養育を始めた月の前月の標準報酬月額を使用して年金額を計算することができる特例（養育期間の従前標準報酬月額のみなし措置）が設けられています。

【申請手続と添付書類】

　事業主より管轄の年金事務所に厚生年金保険養育期間標準報酬月額特例申出書（書式11）を提出します。添付書類として、戸籍謄本（抄本）または戸籍記載事項証明書、住民票の写しが必要になります。

【ポイント】

　特例措置の適用を受けようとする期間に2以上の事業所に勤務していた場合にはそれぞれの事業所での被保険者期間ごとに申請します。

【参考】

　申出時から2年間前までの養育期間について、さかのぼって申し出ることができます。

　一方、対象となる3歳になる前であっても、次の理由があるときは養育期間標準報酬月額特例に該当しなくなりますので、被保険者は事業主を経由して厚生年金保険養育期間標準報酬月額特例終了届（書式12）を年金事務所に提出しなければなりません。この特例に該当しなくなるのは、当該子を養育しなくなったときと養育していた子が亡くなったときです。この届出には添付書類はありません。養育特例終了年月日には子を養育しなくなった日または子が亡くなった日を記入します。

書式11 厚生年金保険養育期間標準報酬月額特例申出書

様式コード				
2 2 6 7				

厚生年金保険　**養育期間標準報酬月額特例**
申出書・~~終了届~~

令和 **6** 年 **6** 月 **13** 日提出

提出者記入欄

事業所整理記号	**01-イロハ**	
	届書記入の個人番号に誤りがないことを確認しました。	
事業所所在地	〒145-0001 東京都大田区蒲田1-2-3	
事業所名称	東西ソフトウエア株式会社	
事業主氏名	代表取締役　東田三郎	
電話番号	03(3721)0123	

受付印

社会保険労務士記載欄
氏 名 等

申出者欄

この申出書(届書)記載のとおり申出(届出)します。　日本年金機構理事長あて　　　　令和 **6** 年 **6** 月 **13** 日

住所　〒146-0006
東京都大田区大森1-4-8
氏名　**甲野　花子**　　　電話　03 (3720) 1234

共通記載欄に加え、申出の場合は A.申出、終了の場合は B.終了 の欄にも必要事項を記入してください。
また、上部の申出者欄に記入してください。

共通記載欄

① 被保険者整理番号	**7**	② 被保険者個人番号[基礎年金番号]	**2 1 4 5 1 2 3 4 5 6 7 8**			
③ 被保険者氏名 (フリガナ) コウノ ハナコ	(氏)**甲野** (名)**花子**	④ 被保険者生年月日	⑤ 5.昭和 7.平成 9.令和	**63 10 17** 年 月 日	⑥ 被保険者性別	1. 男 ②. 女
⑥' 養育する子の氏名 (フリガナ) コウノ イチロウ	(氏)**甲野** (名)**一郎**	⑦ 養育する子の生年月日	7.平成 9.令和	**05 06 11** 年 月 日		
養育する子の個人番号	**9 8 7 6 5 4 3 2 1 0 9 8**					

養育特例の申出をする場合

A. 変更	⑧ 過去の申出の確認	⑥'の子について、初めて養育特例の申出をしますか。	1.はい 2.いいえ	⑩ 事業所の確認	現在勤務されている事業所と、⑥'の子を養育し始めた月の前月に勤務していた事業所は同じ事業所ですか。	1.はい 2.いいえ
	⑪ 該当月に勤務していた事業所	⑩で 2.いいえ を選択された方 ⑥'の子を養育し始めた月の前月に勤務していた事業所を記入してください。 (勤務していなかった場合は、過去1年以内の直近の月に勤務していた事業所を記入してください)	事業所所在地 (船舶所有者住所)	〒 -		
			事業所名称 (船舶所有者氏名)			
	⑫ 養育開始年月日	7.平成 9.令和 **05 06 11** 年 月 日	⑬ 養育特例開始年月日	7.平成 9.令和 **06 06 11** 年 月 日	⑭ 備考	

養育特例を終了する場合

B. 終了	⑮ 養育特例開始年月日	7.平成 9.令和 年 月 日	⑯ 養育特例終了年月日	7.平成 9.令和 年 月 日	⑰ 備考	

○　**養育期間標準報酬月額特例とは**

次世代育成支援の拡充を目的とし、子どもが3歳までの間、勤務時間短縮等の措置を受けて働き、それに伴って標準報酬月額が低下した場合、子どもが生まれる前の標準報酬月額に基づく年金額を受け取ることができる仕組みが設けられたものです。被保険者の申出に基づき、より高い従前の標準報酬月額をその期間の標準報酬月額とみなして年金額を計算します。養育期間中の報酬の低下が将来の年金額に影響しないようにするための措置です。従前の標準報酬月額とは養育開始月の前月の標準報酬月額を指します。養育開始月の前月に厚生年金保険の被保険者でない場合は、その月前1年以内の直近の被保険者であった月の標準報酬月額が従前の報酬月額とみなされます。その月前1年以内に被保険者期間がない場合は、みなし措置は受けられません。

（対象期間　：　3歳未満の子の養育開始月　～　養育する子の3歳誕生日のある月の前月）

※特例措置の申出は、勤務している事業所ごとに行ってください。
　また、既に退職している場合は事業所の確認を受けずに、本人から直接提出することができます。

書式12　厚生年金保険養育期間標準報酬月額特例終了届

厚生年金保険　**養育期間標準報酬月額特例**
~~申出書~~・終了届

令和 6 年 11 月 10 日提出

事業所整理記号	01－イロハ

提出者記入欄

届書記入の個人番号に誤りがないことを確認しました。

事業所所在地	〒145-0001 東京都大田区蒲田1－2－3
事業所名称	東西ソフトウエア株式会社
事業主氏名	代表取締役　東田三郎
電話番号	03(3721)0123

受付印

社会保険労務士記載欄

氏名等

この申出書(届書)記載のとおり申出(届出)します。　日本年金機構理事長あて　　　令和 6 年 11 月 10 日

申出者欄

住所	〒146-0006 東京都大田区大森1－4－8
氏名	甲野　花子
	電話　03 (3720) 1234

共通記載欄に加え、申出の場合は A申出 、終了の場合は B.終了 の欄にも必要事項を記入してください。
また、上部の申出者欄に記入してください。

共通記載欄

① 被保険者整理番号	7	② 被保険者個人番号[基礎年金番号]	2 1 4 5 1 2 3 4 5 6 7 8

③ 被保険者氏名	(フリガナ) コウノ (氏) 甲野　(名) ハナコ 花子	④ 被保険者生年月日	5.昭和 7.平成 9.令和 — 6 3 年 1 0 月 1 7 日	⑤ 被保険者性別 1.男 2.女

養育する子の氏名	(フリガナ) コウノ (氏) 甲野　(名) イチロウ 一郎	⑦ 養育する子の生年月日	7.平成 9.令和 — 0 5 年 0 6 月 1 1 日	

養育する子の個人番号	9 8 7 6 5 4 3 2 1 0 9 8

養育特例の申出をする場合

A.変更

過去の申出の確認	⑧の子について、初めて養育特例の申出をしますか。 1.はい 2.いいえ	⑨ 事業所の確認	現在勤務されている事業所と、⑧の子を養育し始めた月の前月に勤務していた事業所は同じ事業所ですか。 1.はい 2.いいえ

該当月に勤務していた事業所	⑨で 2.いいえ を選択された方 ⑧の子を養育し始めた月の前月に勤務していた事業所を記入してください。 (勤務していなかった場合は、過去1年以内の直近の月に勤務していた事業所を記入してください)	事業所所在地 (船舶所有者住所)	〒 －
		事業所名称 (船舶所有者氏名)	

⑫ 養育開始年月日	7.平成 9.令和 年 月 日	⑬ 養育特例開始年月日	7.平成 9.令和 年 月 日	⑭ 備考

養育特例を終了する場合

B.終了

⑮ 養育特例開始年月日	7.平成 9.令和 0 6 年 0 6 月 1 1 日	⑯ 養育特例終了年月日	7.平成 9.令和 0 6 年 1 1 月 0 3 日	⑰ 備考

○ **養育期間標準報酬月額特例とは**

次世代育成支援の拡充を目的のとし、子どもが3歳までの間、勤務時間短縮等の措置を受けて働き、それに伴って標準報酬月額が低下した場合、子どもが生まれる前の標準報酬月額に基づく年金額を受け取ることができる仕組みが設けられたものです。被保険者の申出に基づき、より高い従前の標準報酬月額をその期間の標準報酬月額とみなして年金額を計算します。養育期間中の報酬の低下が将来の年金額に影響しないようにするための措置です。従前の標準報酬月額とは養育開始月の前月の標準報酬月額を指します。また、養育開始月の前月に厚生年金保険の被保険者でない場合には、その月前1年以内の直近の被保険者であった月の標準報酬月額が従前の報酬月額とみなされます。その月前1年以内に被保険者期間がない場合は、みなし措置は受けられません。

　　　　　　　　　　　　　（**対象期間 ： 3歳未満の子の養育開始月　～　養育する子の3歳誕生日のある月の前月**）

※特例措置の申出は、勤務している事業所ごとに記入してください。
　また、既に退職している場合は事業所の確認を受けずに、本人から直接提出することができます。

12 従業員が業務外で病気やケガをして休職した場合

● 傷病手当金の支給申請を行う

以下の請求手続、添付書類などを参考に支給申請を行います。

【請求手続・添付書類】

傷病手当金支給申請書（書式13）を提出します。提出先は、事業所を管轄する全国健康保険協会の都道府県支部または会社の健康保険組合です。添付書類は原則不要ですが、障害厚生年金・障害手当金の給付を受けている人や、老齢退職年金の給付を受けている人、労災保険から休業補償給付を受けている人など、一定の要件に当てはまる人については添付書類が必要になります。

【ポイント】

申請書には、事業主の証明と療養担当者の意見を記入する欄があり、記入してもらう必要があります。事業主は、労務に服することができなかった期間（申請期間）の勤務状況や賃金の支払状況を証明します。欠勤控除を行った計算方法なども記入します。令和5年1月より様式が変わり、記入の仕方も変更になりました。3ページ目の事業主記入用の勤務状況については、申請期間中（休業中）に出勤した日のみを記入（○をする）します。また、申請期間中に支払われた報酬については、出勤した日以外に支払われた報酬（有給休暇など）についてのみを記入します。

療養担当者の意見は、傷病名や労務不能と認めた期間などを記入します。本人記入欄には、労災請求中や労災保険から休業補償給付を受けている場合には、そのことを記入する必要があります。場合によっては、支給調整のため傷病手当金を受給できない可能性があります。

書式13　健康保険傷病手当金支給申請書

健康保険 傷病手当金 支給申請書

1 2 3 4 ページ　傷
被保険者記入用

被保険者が病気やケガのため仕事に就くことができず、給与が受けられない場合の生活保障として、給付金を受ける場合にご使用ください。
なお、記入方法および添付書類等については「記入の手引き」をご確認ください。

被保険者（申請者）情報

被保険者証	記号（左づめ）	番号（左づめ）	生年月日
	7 1 0 1 0 2 0 3 1 3		1.昭和 2.平成 3.令和 **3** `61`年 `01`月 `31`日

氏名（カタカナ）　ホン ジ ゙ ョ ウ　タ カ シ
姓と名の間は1マス空けてご記入ください。濁点（゛）、半濁点（゜）は1字としてご記入ください。

氏名　**本上　貴志**

※申請者はお勤めされている（いた）被保険者です。
被保険者がお亡くなりになっている場合は、
相続人よりご申請ください。

郵便番号（ハイフン除く）　1 1 0 0 0 0 1

電話番号（左づめハイフン除く）　0 3 3 3 3 3 1 1 1 1

住所　東京（都道府県）　目黒区東7－3－19

振込先指定口座

振込先指定口座は、上記申請者氏名と同じ名義の口座をご指定ください。

金融機関名称	東西	（銀行）金庫　信組　農協　漁協　その他（　）	支店名	目黒駅前	（本店）支店　代理店　出張所　本店営業部　本所　支所
預金種別	**1** 普通預金		口座番号（左づめ）	1 2 3 4 5 6 7	

ゆうちょ銀行の口座へお振り込みを希望される場合、支店名は3桁の漢数字を、口座番号は振込専用の口座番号（7桁）をご記入ください。
ゆうちょ銀行口座番号（記号・番号）ではお振込できません。

2ページ目に続きます。 》》

被保険者証の記号番号が不明の場合は、被保険者のマイナンバーをご記入ください。
（記入した場合は、本人確認書類等の添付が必要となります。）　▶

社会保険労務士の
提出代行者名記入欄

――― 以下は、協会使用欄のため、記入しないでください。 ―――

MN確認（被保険者）		1.記入有（添付あり） 2.記入有（添付なし） 3.記入無（添付あり）

添付書類	職歴		1.添付 2.不備	年金		1.添付 2.不備	労災		1.添付 2.不備
	戸籍（法定代理）		1.添付	口座証明		1.添付			

受付日付印

その他　　1.その他　（理由）　　枚数

(2023.3)

6 0 1 1 1 1 0 1

全国健康保険協会
協会けんぽ

(1/4)

6 0 1 1 1 1 0 1

202

被保険者氏名	本上　貴志

申請内容

①	申請期間 (療養のために休んだ期間)	令和 [0][5] 年 [0][7] 月 [0][1] 日 から 令和 [0][5] 年 [0][8] 月 [3][1] 日 まで
②	被保険者の仕事の内容 (退職後の申請の場合は、退職前の仕事の内容)	OA機器の営業(ルート回り)
③	傷病名	☑ 療養担当者記入欄(4ページ)に記入されている傷病と申請である場合は、左記に☑を入れてください。 別傷病による申請を行う場合は、別途その傷病に対する療養担当者の証明を受けてください。
④	発病・負傷年月日	[2] 1.平成 2.令和 [0][5] 年 [0][7] 月 [0][1] 日
⑤	⑤-1 傷病の原因	[1] 1. 仕事中以外(業務外)での傷病 2. 仕事中(業務上)での傷病 } ➡ ⑤-2へ 3. 通勤途中での傷病
	⑤-2 労働災害、通勤災害の認定を受けていますか。	[ ] 1. はい 2. 請求中(＿＿＿＿＿労働基準監督署) 3. 未請求 ━━━━━
⑥	傷病の原因は第三者の行為(交通事故や ケンカ等)によるものですか。	[2] 1. はい 2. いいえ　「1.はい」の場合、別途「第三者行為による傷病届」をご提出ください。

確認事項

① 報酬	①-1 申請期間(療養のために休んだ期間)に報酬を受けましたか。	[2] 1. はい ➡ ①-2へ 2. いいえ
	①-2 ①-1を「はい」と答えた場合、受けた報酬は事業主証明欄に記入されている内容のとおりですか。	[ ] 1. はい 2. いいえ ➡ 事業主へご確認のうえ、正しい証明を受けてください。
② 年金受給	②-1 障害年金、障害手当金について 今回傷病手当金を申請するものと同一の傷病で「障害厚生年金」または「障害手当金」を受給していますか。(同一の傷病で障害年金等を受給している場合は、傷病手当金の額を調整します)	[2] 1. はい ➡ ②-3へ 2. いいえ　「1.はい」の場合 ━━━
	②-2 老齢年金等について ※退職後の継続給付の支給の場合にのみ。傷病手当金を申請する場合に記入ください。老齢または退職を事由とする公的年金を受給していますか。(公的年金を受給している場合は、傷病手当金の額を調整します)	[2] 1. はい ➡ ②-3へ 2. いいえ　「1.はい」の場合 ━━━
	②-3 ②-1または②-2を「はい」と答えた場合のみ、ご記入ください。	基礎年金 番号 [　　　　]-[　　　　] 年金 コード [　　　] 支給開始 年月日 [ ]1.平成 2.令和 年[　]月[　]日 年金額 [　　　　]円(右づめ)
③ 労災補償	今回の傷病手当金を申請する期間において、別傷病により、労災保険から休業補償給付を受給していますか。	[3] 1. はい 2. 請求中(＿＿＿＿＿労働基準監督署) 3. いいえ　「1.はい」「2.請求中」の場合 ━━━

「事業主記入用」は3ページ目に続きます。≫≫

6 0 1 2 1 1 0 1

全国健康保険協会
協会けんぽ

(2 / 4)

健康保険 傷病手当金 支給申請書

事業主記入用

労務に服することができなかった期間（申請期間）の勤務状況および賃金支払い状況等をご記入ください。

被保険者氏名 （カタカナ）	ホ ン シ ゜ ョ ウ タ カ シ

姓と名の間は1マス空けてご記入ください。濁点（゜）、半濁点（゜）は1字としてご記入ください。

勤務状況 2ページの申請期間のうち出勤した日付を【○】で囲んでください。「年」「月」については出勤の有無に関わらずご記入ください。

令和 | 0 5 | 年 | 0 7 | 月
1 2 3 4 5 6 7 8 9 10 11 12 13 14 15
16 17 18 19 20 21 22 23 24 25 26 27 28 29 30 31

令和 | 0 5 | 年 | 0 8 | 月
1 2 3 4 5 6 7 8 9 10 11 12 13 14 15
16 17 18 19 20 21 22 23 24 25 26 27 28 29 30 31

令和 | | 年 | | 月
1 2 3 4 5 6 7 8 9 10 11 12 13 14 15
16 17 18 19 20 21 22 23 24 25 26 27 28 29 30 31

2ページの申請期間のうち、出勤していない日（上記【○】で囲んだ日以外の日）に対して、報酬等（※）を支給した日がある場合は、支給した日と金額をご記入ください。
※有給休暇の場合の賃金、出勤等の有無に関わらず支給している手当（扶養手当・住宅手当等）、食事・住居等現物支給しているもの等

例	令和 0 5 年 0 2 月 0 1 日	から	0 5 年 0 2 月 2 8 日	3 0 0 0 0 0 円
①	令和 年 月 日	から	年 月 日	円
②	令和 年 月 日	から	年 月 日	円
③	令和 年 月 日	から	年 月 日	円
④	令和 年 月 日	から	年 月 日	円
⑤	令和 年 月 日	から	年 月 日	円
⑥	令和 年 月 日	から	年 月 日	円
⑦	令和 年 月 日	から	年 月 日	円
⑧	令和 年 月 日	から	年 月 日	円
⑨	令和 年 月 日	から	年 月 日	円
⑩	令和 年 月 日	から	年 月 日	円

事業主が証明するところ

上記のとおり相違ないことを証明します。

事業所所在地 〒141-0000 東京都品川区五反田１－２－３　　　令和 0 5 ． 0 9 月 1 3 日

事業所名称 株式会社　緑商会

事業主氏名 代表取締役　鈴木　太郎

電話番号 03-3321-1123

6 0 1 3 1 1 0 1

「療養担当者記入用」は4ページ目に続きます。 ≫≫

全国健康保険協会
協会けんぽ

（3／4）

健康保険 傷病手当金 支給申請書

療養担当者記入用

1 2 3 **4** ページ

患者氏名 (カタカナ)	ホ ン ジ ョ ウ タ カ シ

姓と名の間は1マス空けてご記入ください。濁点(゛)、半濁点(゜)は1字としてご記入ください。

労務不能と認めた期間 (勤務先での従前の労務に服することができない期間をいいます。)	令和 05 年 07 月 01 日 から 令和 05 年 08 月 31 日 まで

傷病名 (労務不能と認めた傷病を記入ください)	自律神経失調症	初診日 (療養の給付の開始年月日)	2 1.平成 2.令和 05 年 07 月 01 日

発病または負傷の原因	

発病または負傷の年月日	2 1.平成 2.令和 05 年 07 月 01 日

労務不能と認めた期間に診療した日がありましたか。	1 1.はい 2.いいえ

療養担当者が意見を記入するところ

上記期間中における「主たる症状及び経過」「治療内容、検査結果、療養指導」等

発汗異常・循環障害を発症。
投薬による治療を行う。

経過は良好で安定しつつあるものの、
依然として上記の症状が継続しているため、
自宅療養を要する。

上記のとおり相違ないことを証明します。　　令和 05 年 10 月 08 日

医療機関の所在地	東京都港区芝町1-1-1
医療機関の名称	港総合病院
医師の氏名	三田 太郎
電話番号	03-6767-0101

6 0 1 4 1 1 0 1

全国健康保険協会
協会けんぽ

(4 / 4)

⑬ 従業員が業務外で死亡したときの届出

● 実際に埋葬を行った人には埋葬料が支給される

　健康保険の被保険者が死亡した場合、埋葬を行った家族（生計維持関係にあれば被扶養者でなくてもよい）に埋葬料が支給されます。また、死亡した被保険者に家族がいないときは実際に埋葬を行った人に埋葬費が支給されます。被扶養者となっている家族が死亡した場合は、被保険者に家族埋葬料が支給されます。支給額は、埋葬料、家族埋葬料については5万円です。埋葬費については、5万円の範囲内で埋葬にかかった費用が支給されます。

【請求手続】

　埋葬を行う遺族が請求人となります。家族埋葬料は被保険者が、埋葬費は実際に埋葬を行った人がそれぞれ請求人となります。被保険者または被扶養者の死亡日から2年以内に「健康保険被保険者埋葬料（費）支給申請書」（書式14）、または「健康保険家族埋葬料（費）支給申請書」を、事業所を管轄する全国健康保険協会の都道府県支部または会社の健康保険組合に提出します。

【添付書類】

　被扶養者となっていない配偶者が請求する場合には、①住民票（同一生計の確認できるもの）、②除籍謄本が必要です。

　埋葬費を請求する場合には、①、②の他に埋葬に要した費用の領収書を添付します。

【ポイント】

　健康保険の資格喪失後3か月以内に死亡した場合も埋葬料が支給されます。また自殺やけんかで死亡した場合でも支給されます（支給制限はかかりません）。

書式 14　健康保険被保険者埋葬料（費）支給請求書

健康保険 被保険者／家族 **埋葬料（費）** 支給申請書　**1** **2** ページ　被保険者記入用　**埋**

加入者がお亡くなりになり、埋葬料（費）を受ける場合にご使用ください。なお、記入方法および添付書類等については「記入の手引き」をご確認ください。

被保険者（申請者）情報

被保険者証	記号（左づめ）	番号（左づめ）	生年月日
	7 1 0 1 0 2 0 3 1 0 7		1. 昭和 2. 平成 3. 令和 **1** 年 **35** 月 **07** 日 **26**

氏名（カタカナ）	ニ シ タ ゛ カ ス ゛ コ

姓と名の間は1マス空けてご記入ください。濁点（゛）、半濁点（゜）は1字としてご記入ください。

氏名	西田　和子

申請者について
①被保険者がお亡くなりになった場合
⇒被保険者により生計維持されていた方／埋葬を行った方
②被扶養者がお亡くなりになった場合
⇒被保険者

郵便番号（ハイフン除く）	1 4 3 0 0 0 2	電話番号（左づめハイフン除く）	0 3 3 7 3 7 4 5 6 7

住所	東京 ⑩都道府県　大田区丸子橋3-2-1

振込先指定口座

振込先指定口座は、上記申請者氏名と同じ名義の口座をご指定ください。

金融機関名称	いろは	銀行　金庫　信組　農協　漁協　その他（　　　）	支店名	大田	本店　支店　代理店　出張所　本店営業部　本所　支所

預金種別	1 普通預金	口座番号（左づめ）	9 8 7 6 5 4 3

ゆうちょ銀行の口座へお振り込みを希望される場合、支店名は3桁の漢数字を、口座番号は振込専用の口座番号（7桁）をご記入ください。
ゆうちょ銀行口座番号（記号・番号）ではお振込できません。

「被保険者・事業主記入用」は2ページ目に続きます。 ≫≫≫

被保険者証の記号番号が不明の場合は、被保険者のマイナンバーをご記入ください。
（記入した場合は、本人確認書類等の添付が必要となります。）　▶

社会保険労務士の提出代行者名記入欄	

── 以下は、協会使用欄のため、記入しないでください。──

MN確認（被保険者）	☐ 1. 記入有（添付あり）2. 記入有（添付なし）3. 記入無（添付あり）			

添付書類	死亡証明書	☐ 1. 添付 2. 不備	生計維持確認書類	☐ 1. 添付 2. 不備
	領収書内訳書	☐ 1. 添付 2. 不備	埋葬費用	☐☐☐☐☐ 円
	戸籍（法定代理）	☐ 1. 添付	口座証明	☐ 1. 添付

6 3 1 1 1 1 0 1	その他	☐ 1. その他（理由）	枚数	☐☐

受付日付印

(2022.12)

全国健康保険協会　協会けんぽ

1/2

健康保険 被保険者 家族 埋葬料（費）支給申請書

被保険者・事業主記入用

| 被保険者氏名 | 西田 秀一 |

申請内容

①-1 死亡者区分 `1`
1. 被保険者
2. 家族（被扶養者）
➡ ①-2では「1.埋葬料」もしくは「2.埋葬費」をご選択ください。
①-2では「3.家族埋葬料」をご選択ください。

①-2 申請区分 `1`
1. 埋葬料（被保険者の死亡かつ、生計維持関係者による申請）
2. 埋葬費（被保険者の死亡かつ、生計維持関係者以外による申請）
3. 家族埋葬料（家族（被扶養者）の死亡かつ、被保険者による申請）

②-1 死亡した方の氏名（カタカナ） `ニシダ゛ シュウイチ`
姓と名の間は1マス空けてご記入ください。濁点（゛）、半濁点（゜）は1字としてご記入ください。

②-2 死亡した方の生年月日
1. 昭和 2. 平成 3. 令和 `1` `34` 年 `01` 月 `18` 日

②-3 死亡年月日 令和 `05` 年 `11` 月 `23` 日

②-4 続柄（身分関係） **妻**
➡ 「被保険者が死亡」した場合は、被保険者と申請者の身分関係をご記入ください。
「家族が死亡」した場合は、被保険者との続柄をご記入ください。

③-1 死亡の原因 `1`
1. 仕事中以外（業務外）での傷病
2. 仕事中（業務上）での傷病
3. 通勤途中での傷病
} ➡ ③-2へ

③-2 労働災害、通勤災害の認定を受けていますか。 ` `
1. はい
2. 請求中
3. 未請求

④ 傷病の原因は第三者の行為（交通事故やケンカ等）によるものですか。 `2`
1. はい
2. いいえ
「1.はい」の場合は、別途「第三者行為による傷病届」をご提出ください。

⑤ 同一の死亡について、健康保険組合や国民健康保険等から埋葬料（費）を受給していますか。 `2`
1. 受給した
2. 受給していない

「①-2申請区分」が「2.埋葬費」の場合のみご記入ください。
※埋葬費の場合は、別途埋葬に要した費用の領収書と明細書も添付ください。

⑥-1 埋葬した年月日 令和 ` ` 年 ` ` 月 ` ` 日

⑥-2 埋葬に要した費用の額 ` ` 円

「健康保険埋葬料（費）支給申請書記入の手引き」をご確認ください。

事業主証明欄

死亡した方の氏名（カタカナ） `ニシダ゛ シュウイチ`
姓と名の間は1マス空けてご記入ください。濁点（゛）、半濁点（゜）は1字としてご記入ください。

死亡年月日 令和 `05` 年 `11` 月 `23` 日

上記のとおり相違ないことを証明します。
事業所所在地 東京都品川区五反田1-2-3
事業所名称 株式会社 緑商会
事業主氏名 代表取締役 鈴木 太郎
電話番号 03-3321-1123

令和 `05` 年 `11` 月 `29` 日

`6 3 1 2 1 1 0 1`

全国健康保険協会
協会けんぽ

2/2

208

14 年金手帳・基礎年金番号通知書の再交付を申請する場合の届出

● 紛失した場合にも確認方法はある

　年金手帳または基礎年金番号通知書を紛失したり、毀損して内容を確認できない状態になったときには、再発行の手続きをします。令和4年4月より年金手帳は基礎年金番号通知書に切り替わったため、再発行の際は、年金手帳・基礎年金番号通知書ともに、基礎年金番号通知書が再発行されることになります。

【請求手続】

　事業主は、被保険者から年金手帳または基礎年金番号通知書を紛失した、あるいは毀損したと届出があったときは、遅滞なく「基礎年金番号通知書再交付申請書」（書式15）を年金事務所に提出します。

【添付書類】

　毀損の場合は年金手帳または基礎年金番号通知書

【ポイント】

　年金手帳または基礎年金番号通知書を紛失していると基礎年金番号がわかりませんが、入社時の「健康保険・厚生年金保険被保険者資格取得届」（161ページ）の控えや「ねんきん定期便」（被保険者が自分の年金記録を定期的に確認できるようにするために、日本年金機構が年に一度、誕生月に被保険者に送付する通知のこと）で確認できます。

　なお、年金手帳または基礎年金番号通知書は、現役世代が日常で使用するものでないので、紛失に気がつかないこともあります。「ねんきん定期便が届いたら年金手帳または基礎年金番号通知書を確認しましょう」などとインフォメーションするとよいでしょう。

　盗難や屋外で紛失した場合は、悪用されることもありますので、必ず警察にも届け出るように勧めましょう。

書式15　基礎年金番号通知書再交付申請書

基礎年金番号通知書再交付申請書

令和 5 年12月19日提出

事業所情報		
事業所管理記号	00-アイウ　事業所番号 12345	
事業所所在地	〒141-0000　東京都品川区五反田1-2-3	
事業所名称	株式会社 緑商会	
事業主氏名	代表取締役 鈴木 太郎	
電話番号	03（3321）1123	

厚生年金保険もしくは船員保険に現在加入していて、お勤め先からの届出を希望される方は、左の欄に証明をもらってください。

受付印

社会保険労務士記載欄

氏名等

申請対象の被保険者について記入してください。
基礎年金番号(10桁)で届出する場合は「①個人番号(または基礎年金番号)」欄に左詰めで記入してください。

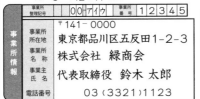

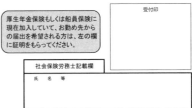

A 被保険者		
①個人番号(または基礎年金番号)	2 1 1 3 2 4 5 6 7 8	
②生年月日	5昭和 平成 9.令和　580224 年 月 日	③氏名 (フリガナ) シライ ユキ　白井 由紀
④郵便番号	1450000	⑤電話番号 1.自宅 3.勤務先 2.携帯電話 4.その他　03-3729-0014
⑥住所	東京都大田区下池台2-2-4	

申請内容について記入してください。

B 申請内容				
⑦申請事由		1. 紛失　　2. 破損(汚れ)　　9. その他		
現に加入している (または最後に加入していた)制度の名称及び取得・喪失年月日	⑧制度の名称	1 国民年金 2 厚生年金保険 3. 船員保険 4. 共済組合	取得年月日	令和元 年 4 月 1 日
			喪失年月日	年 月 日
「⑧制度の名称」欄が国民年金または共済組合の方は、以下の記入は不要です。				
最初に被保険者として使用されていた事業所の名称、所在地(または船舶所有者の氏名、住所)及び取得年月日	名称 (氏名)	株式会社 黒田工業		
	所在地 (住所)	東京都港区芝中央4-1-9		
	取得年月日	平成17 年 4 月 1 日		
現に被保険者として使用されている(または最後に被保険者として使用された)事業所の名称、所在地(または船舶所有者の氏名、住所)	名称 (氏名)	株式会社 緑商会		
	所在地 (住所)	東京都品川区五反田1-2-3		

15 健康保険被保険者証の再交付を受けたいとき

● どんな場合に提出するのか

健康保険証は保険給付を受けるときに使用するだけでなく、公的な身分証明書としても使える大切な証書です。そのため、紛失したりしないように十分に気を配らなくてはいけません。何らかの理由で健康保険証を紛失、毀損した場合にはできるだけ早く健康保険被保険者証の再交付を受けることが必要です。

【請求手続】

一般被保険者（会社員、協会けんぽの場合）が再交付を請求する場合には、紛失・毀損後、すみやかに勤務先に「健康保険被保険者証再交付申請書」（書式16）を提出します。その後、全国健康保険協会から事業主に対して「健康保険被保険者証」が再交付されますので、社員に交付することになります。

なお、任意継続被保険者（資格喪失の前日まで被保険者期間が継続して2か月以上ある者に認められている制度で、退職後も引き続き2年間以前に加入していた健康保険に加入し続ける者のこと）の場合には、勤務先を経由せず、直接管轄の全国健康保険協会に「健康保険被保険者証再交付申請書」を提出します。

【添付書類】

毀損の場合には毀損した被保険者証を提出します。

【ポイント】

書式の被保険者欄に紛失・毀損した被保険者証の番号を記載します。また「再交付の理由」欄には紛失・毀損の理由をできるだけ詳しく記入するようにします。

健康保険 **被保険者証** 再交付申請書　㊞再

※記入方法等については「記入の手引き」をご確認ください。

被保険者証を無くされた場合やき損した場合にご使用ください。

被保険者情報

被保険者証	記号（左づめ）	番号（左づめ）	生年月日
	6 5 1 0 2 0 3	1 2	1. 昭和 2. 平成 3. 令和 [1] 52 年 09 月 16 日

氏名（カタカナ）	ア オ ヤ マ　ハ ル オ

姓と名の間は1マス空けてご記入ください。濁点（゛）、半濁点（゜）は1字としてご記入ください。

氏名	青山　晴夫

郵便番号（ハイフン除く）	1 4 1 0 0 0 4	電話番号（左づめハイフン除く）	0 3 3 6 4 5 1 2 3 5

住所	東京 ㊞都 道 府 県 品川区荏原本町2-3-9

再交付対象者

対象者	[1]	1. 被保険者（本人）分のみ ･･････ ㋐欄の「再交付の原因」をご記入ください。 2. 被扶養者（家族）分のみ ･･････ ㋑欄に再交付対象のご家族の情報および「再交付の原因」をご記入ください。 3. 被保険者（本人）および被扶養者（家族）分 ･･････ ㋐および㋑欄にそれぞれご記入ください。

㋐ 被保険者

氏名（カタカナ）	生年月日	再交付の原因
同上	同上	[1]	1.滅失（無くした、壊した） 2.き損（割れた、かすれた） 3.その他（　）

㋑ 被扶養者

(1)氏名（カタカナ）姓と名の間は1マス空けてご記入ください。濁点（゛）、半濁点（゜）は1字としてご記入ください。	生年月日	再交付の原因
	年 月 日　1. 昭和 2. 平成 3. 令和	1.滅失（無くした、壊した） 2.き損（割れた、かすれた） 3.その他（　）

(2)氏名（カタカナ）姓と名の間は1マス空けてご記入ください。濁点（゛）、半濁点（゜）は1字としてご記入ください。	生年月日	再交付の原因
	年 月 日　1. 昭和 2. 平成 3. 令和	1.滅失（無くした、壊した） 2.き損（割れた、かすれた） 3.その他（　）

(3)氏名（カタカナ）姓と名の間は1マス空けてご記入ください。濁点（゛）、半濁点（゜）は1字としてご記入ください。	生年月日	再交付の原因
	年 月 日　1. 昭和 2. 平成 3. 令和	1.滅失（無くした、壊した） 2.き損（割れた、かすれた） 3.その他（　）

備考

事業主欄

上記のとおり被保険者から再交付の申請がありましたので届出します。

事業所所在地	141-0000 東京都品川区五反田1-2-3
事業所名称	株式会社　緑商会
事業主氏名	代表取締役　鈴木　太郎
電話番号	03-3321-1123

任意継続被保険者の方は、事業主欄の記入は不要です。

被保険者証の記号番号が不明の場合は、被保険者のマイナンバーをご記入ください。
（記入した場合は、本人確認書類等の添付が必要となります。）　▶

社会保険労務士の 提出代行者名記入欄	

受付日付印

以下は、協会使用欄のため、記入しないでください。

MN確認（被保険者）	1. 記入有（添付あり） 2. 記入有（添付なし） 3. 記入無（添付あり）	添付書類					1.き損被保険者証の添付あり
2 1 1 1 1 1 0 1		その他		1. その他 2. 処理票	（理由）	枚数	

全国健康保険協会
協会けんぽ

(2022.12)

(1/1)

16 健康保険被保険者資格証明書の交付を申請する場合の届出

● 健康保険被保険者証の代わり

新規採用者の健康保険加入手続きを行ってから健康保険被保険者証が手元に届くまでの間（1～2週間程度）に医療機関での受診予定などがあるときは、健康保険被保険者の資格証明があれば療養の給付が受けられます。

【請求手続】

健康保険加入手続きを行ってから健康保険被保険者証が手元に届くまでの間（1～2週間程）に医療機関での受診予定などがあるときは、加入手続時に年金事務所で「健康保険被保険者資格証明書交付申請書」（書式17）を提出して「健康保険資格証明書」を交付してもらい、健康保険被保険者証の代わりとします。

【添付書類】

添付書類はありません。

【ポイント】

予期していない通院は別ですが、健康保険加入手続きの前に、あらかじめ加入する従業員本人とそのご家族の受診予定を確認しておくようにしましょう。

【参考】

「健康保険被保険者資格証明書」は、あくまでも仮のものですので、そのまま使い続けることはできません。有効期間が経過した証明書は従業員から回収し、年金事務所に返還してください。

書式17 健康保険被保険者資格証明書交付申請書

申請年月日　令和 5 年 4 月 1 日

健康保険被保険者資格証明書交付申請書

<table>
<tr><td rowspan="14">事業主又は被保険者に記入していただくところ</td><td>事業所</td><td colspan="2">事業所整理記号</td><td colspan="2">65010203</td><td>事業所番号</td><td colspan="2">123456</td></tr>
<tr><td rowspan="3">被保険者</td><td>フリガナ</td><td colspan="2">アマミヤ ライタ</td><td rowspan="2">生年月日</td><td colspan="2">昭・平・令
51年 7月10日生</td><td>男・女</td></tr>
<tr><td>氏 名</td><td colspan="2">雨宮 雷太</td></tr>
<tr><td>資格取得年月日</td><td colspan="4"></td><td colspan="3">令和 5 年 4 月 1 日</td></tr>
<tr><td rowspan="12">被扶養者</td><td>フリガナ</td><td colspan="2">アマミヤ ヒロコ</td><td rowspan="2">生年月日</td><td colspan="2">昭・平・令
55年 5月10日生</td><td>男・女</td></tr>
<tr><td>氏 名</td><td colspan="2">雨宮 寛子</td></tr>
<tr><td>被扶養者となった日</td><td colspan="3">上記資格取得年月日と同じ・令和</td><td colspan="3">年 月 日</td></tr>
<tr><td>フリガナ</td><td colspan="2"></td><td rowspan="2">生年月日</td><td colspan="2">昭・平・令</td><td>男・女</td></tr>
<tr><td>氏 名</td><td colspan="2"></td></tr>
<tr><td>被扶養者となった日</td><td colspan="3">上記資格取得年月日と同じ・令和</td><td colspan="3">年 月 日生</td></tr>
<tr><td>フリガナ</td><td colspan="2"></td><td rowspan="2">生年月日</td><td colspan="2">昭・平・令</td><td>男・女</td></tr>
<tr><td>氏 名</td><td colspan="2"></td></tr>
<tr><td>被扶養者となった日</td><td colspan="3">上記資格取得年月日と同じ・令和</td><td colspan="3">年 月 日生</td></tr>
<tr><td>フリガナ</td><td colspan="2"></td><td rowspan="2">生年月日</td><td colspan="2">昭・平・令</td><td>男・女</td></tr>
</table>

フリガナ			生年月日	昭・平・令		男・女
氏 名				年 月 日生		
被扶養者となった日	上記資格取得年月日と同じ・令和			年 月 日		
証明書発行理由	健康保険被保険者証発行手続き中のため					

上記被保険者（被扶養者）にかかる被保険者資格を証明願います。

事 業 所 所 在 地　東京都品川区五反田1-2-3

事 業 所 名 称　株式会社 緑商会

事業主（被保険者）氏名　代表取締役 鈴木 太郎

日本年金機構理事長　殿

社会保険労務士記載欄
氏名等

証明年月日　令和 　年 　月 　日

健康保険被保険者資格証明書

　上記の被保険者（被扶養者）は、現に全国健康保険協会が管掌する健康保険の被保険者（被扶養者）の資格を有することを証明します。

日本年金機構理事長　印

年金事務所が記入するところ	保 険 者	番 号	
		名 称	
		所 在 地	
	被保険者証記号番号	記号：　　　　　　番号：	
	証明書有効期間	上記証明年月日から　　　　　令和 　年 　月 　日まで	

注1） 被保険者は有効期間が経過したとき、又は有効期間内であっても被保険者証が交付された
　　　場合は、事業主に返付してください。事業主は、これを年金事務所に提出してください。

注2） 有効期間は証明年月日から20日以内となります。

17 被保険者が複数の適用事業所に使用される場合

● 社会保険と副業・兼業について

　副業・兼業先で働く場合には、事業所ごとに社会保険の加入要件に該当するかどうかを判断します。複数の事業所で勤める者が、それぞれの事業所で加入要件に該当した場合には、どちらかの事業所の管轄年金事務所と医療保険者を選択する必要があります。標準報酬月額や保険料は、選択した年金事務所などで複数の事業所の報酬月額を合算して決定します。

　それぞれの事業所の事業主は、被保険者に支払う報酬額により按分した保険料を天引きし、選択した年金事務所などに納付します。具体的には、A社の報酬が25万円、B社の報酬が15万円であった場合には、選択した年金事務所で40万円の標準報酬月額を決定します。保険料が仮に72,000円とすると、A社は72,000×25/40=45,000円、B社は72,000×15/40=27,000円を労使折半でそれぞれ負担し、選択した年金事務所などに納付します。

【届出手続・添付書類】

　「健康保険・厚生年金保険　被保険者所属選択・二以上事業所勤務届」（書式18）を提出します。提出先は、選択した事業所の所在地を管轄する年金事務所になります。

　また、新規加入の場合は、「健康保険・厚生年金保険　被保険者資格取得届」の提出をして、適用事業所の被保険者となることが必要です。

　添付書類は、健康保険・厚生年金保険　被保険者所属選択・二以上事業所勤務届の提出時に既に全国健康保険協会（協会けんぽ）の被保険者である場合には、健康保険被保険者証を添付します。

様式コード
2 3 1 0

健康保険
厚生年金保険　被保険者　所属選択・二以上事業所勤務届

被保険者氏名（フリガナ）アオヤマ　ハルオ
青山　晴夫

生年月日　⑤昭和 9.令和　平成　5 4 0 9 1 6

個人番号（主）又は基礎年金番号　2 1 1 3 2 2 1 2 3 4 5

選択事業所				
事業所整理記号	品 いろは			基金
厚生年金基金に加入の場合はその名称及び番号				
事業所所在地	東京都品川区五反田1-2-3			
事業所名称	株式会社 緑商会		被保険者資格取得年月日 平成 21 年 4 月 1 日	報酬月額

非選択事業所				
被保険者整理番号	12			基金
	東京都品川区五反田1-2-3			
	株式会社 緑商会		令和 5 年 10 月 1 日	現物による報酬 250,000円 合計 250,000円 健

	01 1ロハ			基金
	東京都大田区蒲田1-2-3			
	東西ソフトウエア株式会社		令和　年　月　日	通貨による報酬 150,000円 現物による報酬 0円 合計 150,000円 厚

	15			基金
				年　月　日

被保険者
住所　東京都大田区石川台町2-5-1
氏名　青山　晴夫
電話番号　03-2552-3456

事業センター長　副事業センター長　副所長　グループ長　担当者

※標準報酬月額
健 250,000 千円
厚 千円

令和 5 年 10 月 6 日提出

令和 5 年 10 月 6 日受付日付印

第8章

会社に関する事務手続き

賞与を支払ったときの社会保険の届出

● 賞与の支給額で保険料が変動する

　賞与からも社会保険料が徴収されるため、従業員に賞与を支払った場合には、事業主はその旨を届け出る必要があります。健康保険料、厚生年金保険料は、標準賞与額に保険料率を乗じて算出した額になります。標準賞与額とは、実際に支給された賞与額から千円未満の部分の金額を切り捨てた額です。標準賞与額は賞与が支給されるごとに決定されます。保険料は、事業主と被保険者が折半で負担します。

　賞与の保険料は、賞与の支給額により変動します。

【届出】

　賞与支払日から5日以内に事業者が、「健康保険厚生年金保険被保険者賞与支払届」（書式1）を管轄の年金事務所に届け出ます。添付書類はありません。

【ポイント】

　標準賞与額には上限が決められており、健康保険については年額累計573万円（毎年4月1日～翌年3月31日の累計）、厚生年金保険については1か月あたり150万円が上限となっています。健康保険の累計の関係上、上限573万円を超えていても実際に支払った額を届け出ることになります。資格取得月に支給された賞与については保険料がかかりますが、資格喪失月に支給された賞与については保険料がかかりません。資格取得と資格喪失が同じ月の場合は、資格取得日から資格喪失日の前日までに支払われた賞与について保険料がかかります。

書式1　健康保険厚生年金保険被保険者賞与支払届

給与や賞与の現物支給と書式

● 現物支給で賞与を支払うことはできるのか

　たとえば景気が低迷し、会社の経営の先行きが不安な状況になってくると、少しでも運転資金を手元に残しておきたいというのが経営者側の心情でしょう。このような場合に検討されることがあるのが、「賞与の現物支給」です。以前には自社製品や商品券、取引先の商品などを実際に賞与として支給したという会社もあるようです。

　しかし、労働基準法の規定によると、賞与を含む賃金は「通貨」で支払うことが義務付けられており、原則として現物支給は認められていません。それは給与であっても賞与であっても同じですが、例外的に、現物支給が可能になる条件があります。

① 別段の法令の定めがある場合

　特別に賃金の支払いについての法令がある場合という意味ですが、現在、通貨以外の現物支給という方法で賃金を支払うことを認めた法令はありません。

② 労働協約がある場合

　労働協約に規定されていれば、賞与を現物支給することも可能です。ただし、労働協約を締結できるのは労働組合だけですので、労働組合のない会社では現物支給をすることはできません。なお、支給する「現物」については、会社側が一方的に決めたり、そのときの状況によって変更するといったことはできません。きちんと評価額を定め、労働協約に規定された物を支給することが条件になります。

【届出】

　賞与支払日から5日以内に事業者が、「健康保険厚生年金保険被保険者賞与支払届」（書式2）を管轄の年金事務所に届け出ます。

書式2　現物支給を行った場合の賞与支払届の記入例

| 様式コード 2 2 6 5 | 健康保険 厚生年金保険 厚生年金保険 | 被保険者賞与支払届 70歳以上被用者賞与支払届 | |||||||

令和 5 年 12 月 19 日

提出者記入欄

事業所整理記号	0 0　アイウ	
事業所所在地	届書記入の個人番号に誤りがないことを確認しました。 〒141-0000 東京都品川区五反田1-2-3	
事業所名称	株式会社 緑商会	
事業主氏名	代表取締役　鈴木　太郎	
電話番号	03 (3321) 1123	

受付印

社会保険労務士記載欄
氏 名 等

項目名	① 被保険者整理番号	② 被保険者氏名	③ 生年月日	⑦ 個人番号 [基礎年金番号]※70歳以上被用者の場合のみ
	④ 賞与支払年月日	⑤ 賞与支払額	⑥ 賞与額(千円未満は切捨て)	⑧ 備考

| 共通 | ④ 賞与支払年月日(共通) | 9.令和 0 5 1 2 1 5 | ←1枚ずつ必ず記入してください。 | |

1
①　1
④※上記「賞与支払年月日(共通)」と同じ場合は、記入不要です。　9.令和　年　月　日
② ○○○○
③ ○-○○○○○○
⑤(ア)通貨 80,000 円　(イ)現物 0 円
⑥(合計(ア)+(イ)) 千円未満は切捨て 80 ,000 円
⑦
⑧ 1. 70歳以上被用者　2. 二以上勤務　3. 同一月内の賞与合算(初回支払日:　日)

2
①　2
④※上記「賞与支払年月日(共通)」と同じ場合は、記入不要です。　9.令和　年　月　日
② ××××
③ ×-××××××
⑤(ア)通貨 200,000 円　(イ)現物 30,000 円
⑥(合計(ア)+(イ)) 千円未満は切捨て 230 ,000 円
⑦
⑧ 1. 70歳以上被用者　2. 二以上勤務　3. 同一月内の賞与合算(初回支払日:　日)

3
①　3
④※上記「賞与支払年月日(共通)」と同じ場合は、記入不要です。　9.令和　年　月　日
② △△△△
③ △-△△△△△△
⑤(ア)通貨 160,000 円　(イ)現物 0 円
⑥(合計(ア)+(イ)) 千円未満は切捨て 160 ,000 円
⑦
⑧ 1. 70歳以上被用者　2. 二以上勤務　3. 同一月内の賞与合算(初回支払日:　日)

4
①　4
④※上記「賞与支払年月日(共通)」と同じ場合は、記入不要です。　9.令和　年　月　日
② □□□□
③ □-□□□□□□
⑤(ア)通貨 530,000 円　(イ)現物 30,000 円
⑥(合計(ア)+(イ)) 千円未満は切捨て 560 ,000 円
⑦
⑧ 1. 70歳以上被用者　2. 二以上勤務　3. 同一月内の賞与合算(初回支払日:　日)

5
①
④※上記「賞与支払年月日(共通)」と同じ場合は、記入不要です。　9.令和　年　月　日
⑤(ア)通貨 円　(イ)現物 円
⑥(合計(ア)+(イ)) 千円未満は切捨て ,000 円
⑧ 1. 70歳以上被用者　2. 二以上勤務　3. 同一月内の賞与合算(初回支払日:　日)

> 賞与を通貨ではなく現物で支払った場合には賞与支払届の⑦欄に現物の額を記入する。現物での支払いがない場合には「0」円と記入する。

6
①
④※上記「賞与支払年月日(共通)」と同じ場合は、記入不要です。　9.令和　年　月　日
⑥(合計(ア)+(イ)) 千円未満は切捨て ,000 円
⑧ 1. 70歳以上被用者　2. 二以上勤務　3. 同一月内の賞与合算(初回支払日:　日)

7
①
④※上記「賞与支払年月日(共通)」と同じ場合は、記入不要です。　9.令和　年　月　日
⑤(ア)通貨 円　(イ)現物 円
⑥(合計(ア)+(イ)) 千円未満は切捨て ,000 円
⑦
⑧ 1. 70歳以上被用者　2. 二以上勤務　3. 同一月内の賞与合算(初回支払日:　日)

8
①
④※上記「賞与支払年月日(共通)」と同じ場合は、記入不要です。　9.令和　年　月　日
②
③
⑤(ア)通貨 円　(イ)現物 円
⑥(合計(ア)+(イ)) 千円未満は切捨て ,000 円
⑦
⑧ 1. 70歳以上被用者　2. 二以上勤務　3. 同一月内の賞与合算(初回支払日:　日)

9
①
④※上記「賞与支払年月日(共通)」と同じ場合は、記入不要です。　9.令和　年　月　日
②
③
⑤(ア)通貨 円　(イ)現物 円
⑥(合計(ア)+(イ)) 千円未満は切捨て ,000 円
⑦
⑧ 1. 70歳以上被用者　2. 二以上勤務　3. 同一月内の賞与合算(初回支払日:　日)

10
①
④※上記「賞与支払年月日(共通)」と同じ場合は、記入不要です。　9.令和　年　月　日
②
③
⑤(ア)通貨 円　(イ)現物 円
⑥(合計(ア)+(イ)) 千円未満は切捨て ,000 円
⑦
⑧ 1. 70歳以上被用者　2. 二以上勤務　3. 同一月内の賞与合算(初回支払日:　日)

3 事業所の名称や住所を変更する場合の届出

● どんな場合に届を出すのか

事業所の名称を変更する場合や事業所を移転する場合には、その変更を届け出なければなりません。

【届出】

名称を変更した事業主、同一の都道府県内に移転する事業主は、管轄する年金事務所は変更になりませんので、「健康保険・厚生年金保険適用事業所名称・所在地変更（訂正）届（管轄内）」（書式3）を提出します。

一方、都道府県をまたいで移転する事業主は、「健康保険・厚生年金保険適用事業所名称・所在地変更（訂正）届（管轄外）」（書式4）を提出します。いずれの場合も、従来の管轄（管轄外の場合は変更前の管轄）年金事務所に提出します。

【添付書類】

・法人登記簿謄本（個人の場合は住民票）のコピー
・全員の健康保険被保険者証

【参考】

管轄外に移転する場合、新しい管轄の年金事務所から連絡がきます。その後全員の健康保険被保険者証を提出すると、新しい記号・番号の付された健康保険被保険者証が渡されます。その後は新しい年金事務所で手続きをします。

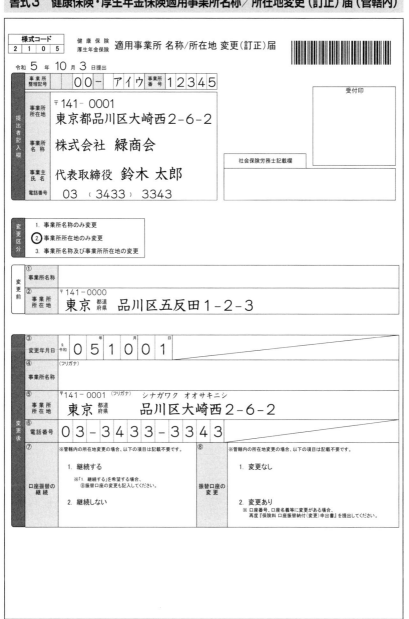

書式4　健康保険・厚生年金保険適用事業所名称／所在地変更（訂正）届（管轄外）

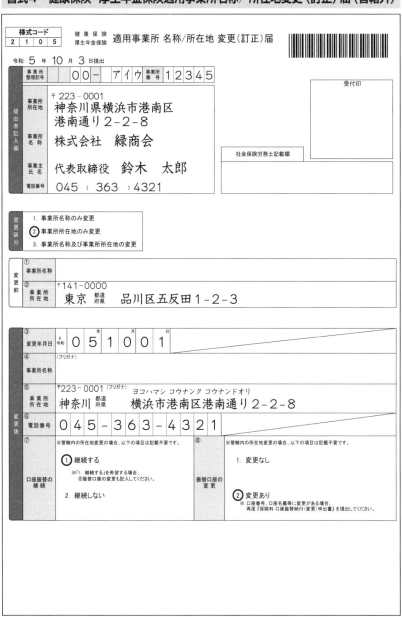

様式コード	
2 1 0 5	

健康保険
厚生年金保険　適用事業所 名称/所在地 変更(訂正)届

令和 5 年 10 月 3 日提出

提出者記入欄

事業所整理記号　00 - アイウ　事業所番号 12345

事業所所在地　〒223-0001
神奈川県横浜市港南区
港南通り2-2-8

事業所名称　株式会社　緑商会

事業主氏名　代表取締役　鈴木　太郎

電話番号　045（363）4321

受付印

社会保険労務士記載欄

変更区分
1. 事業所名称のみ変更
② 事業所所在地のみ変更
3. 事業所名称及び事業所所在地の変更

変更前

① 事業所名称

② 事業所所在地　〒141-0000
東京 都道府県　品川区五反田1-2-3

変更後

③ 変更年月日　令和 0 5 1 0 0 1

④ 事業所名称　(フリガナ)

⑤ 事業所所在地　〒223-0001 (フリガナ) ヨコハマシ コウナンク コウナンドオリ
神奈川 都道府県　横浜市港南区港南通り2-2-8

⑥ 電話番号　0 4 5 - 3 6 3 - 4 3 2 1

⑦ 口座振替の継続　※管轄内の所在地変更の場合、以下の項目は記載不要です。
① 継続する
※「1. 継続する」を希望する場合、
　⑧振替口座の変更も記入してください。
2. 継続しない

⑧ 振替口座の変更　※管轄内の所在地変更の場合、以下の項目は記載不要です。
1. 変更なし
② 変更あり
※ 口座番号、口座名義等に変更がある場合、
　再度『保険料 口座振替納付（変更）申出書』を提出してください。

224

 # 事業主の交代や住所変更などについての届出

● 変更があった日から5日以内に届け出る

　事業主について変更があったとき、具体的には、①事業所の連絡先電話番号の変更、②事業主の変更（交代）や事業主の氏名の変更、③事業主代理人の選任・解任、④会社法人等番号の変更、⑤法人番号に変更があったときなどに提出する届出です。

【届出】

　変更があった日から5日以内に事業主が、「健康保険・厚生年金保険事業所関係変更（訂正）届」（書式5）を管轄の年金事務所または健康保険組合に届け出ます。

【添付書類】

・会社法人等番号の変更の場合には、法人（商業）登記簿謄本のコピー

・法人番号の変更の場合には、法人番号指定通知書のコピー

【ポイント】

　変更届の変更年月日の欄は変更の事実があった日（登記変更の場合はその登記日）を記入します。変更の事由については具体的に記入します。

　個人事業主の氏名の変更の場合は、健康保険・厚生年金保険適用事業所　名称・所在地変更（訂正）届も併せて提出します。

様式コード				
2	1	0	4	

健康保険
厚生年金保険　**事業所関係 変更（訂正）届**

令和 6 年 9 月 4 日提出

	事業所整理記号	00－アイウ	事業所番号	1 2 3 4 5

受付印

提出者記入欄

事業所所在地　〒141-0000
東京都品川区五反田1-2-3

事業所名称　株式会社　緑商会

事業主氏名　代表取締役　鈴木 太郎

電話番号　03（3321）1123

社会保険労務士記載欄

氏 名 等

該当する変更（訂正）内容の項目のみ記入してください。
※事業主・事業主の代理人・法人番号等を変更する場合は、変更前についても記入してください。

事業所情報記入欄

	①変更前 事業主氏名 住所	（フリガナ）スズキ 鈴 木	（名）タロウ 太 郎	〒141-0000 東京都品川区五反田本町2-2-2	③変更年月日 令和
	②変更後	（フリガナ）サトウ 佐 藤	（名）イチロウ 一 郎	〒145-0001 東京都大田区新大森2-4-6	6年9月1日
	④事業所電話番号			⑤健康保険組合名称 （フリガナ） 健康保険組合	
	⑥選任事業主代理人氏名 住所	（フリガナ）（氏）	（名）	〒 －	⑦選任年月日 令和 年 月 日
	⑧解任事業主代理人氏名 住所	（フリガナ）（氏）	（名）	〒 －	⑨解任年月日 令和 年 月 日
	⑩社会保険労務士	1．登録（変更） 2．解除	⑪社会保険労務士コード	⑫社会保険労務士名 （氏） （名）	
	⑬年金委員名1	1．登録（変更） 2．解除	（フリガナ）（氏） （名）	⑭年金委員名2　1．登録（変更） 2．解除 （フリガナ）（氏） （名）	
	⑮現物給与の種類	1．登録（変更） 2．全解除	1．食事 3．被服 5．その他 2．住宅 4．定期券（ ）	⑯業態区分	
	⑰昇給月	①登録（変更） 2．全解除	1回目 04 2回目 10 3回目 4回目	算定基礎届媒体作成	0．必要（紙媒体） 2．必要（電子媒体） 1．不要（自社作成）
	⑱賞与支払予定月	1．登録（変更） 2．全解除	1回目 2回目 3回目 4回目	賞与支払届媒体作成	0．必要（紙媒体） 2．必要（電子媒体） 1．不要（自社作成）
	会社法人等番号	㉑変更前		㉒変更後	
		㉓会社法人等番号変更年月日 令和 年 月 日			
	法人番号	㉔変更前		㉕変更後	
		㉖法人番号変更年月日 令和 年 月 日			
	個人・法人等区分	㉗変更前 1．法人事業所 2．個人事業所 3．国・地方公共団体		㉘変更後 1．法人事業所 2．個人事業所 3．国・地方公共団体	
	本店・支店区分	㉙変更前 1．本店 2．支店		㉚変更後 1．本店 2．支店	
	内・外国区分	㉛変更前 1．内国法人 2．外国法人		㉜変更後 1．内国法人 2．外国法人	
	㉝備考				

5 社会保険に加入するための届出

● 社会保険の加入手続き

　会社を設立した場合、労働者が1人もいない場合であっても（社長1人だけの会社であっても）、その会社は社会保険（健康保険と厚生年金保険のこと）に加入する義務があります。

　ただ、社会保険は労働保険（労災保険、雇用保険）にくらべて、保険料の負担が大きいため、実務上は、所轄の年金事務所の調査を受けてから加入が認められることになっています。

【手続】

　加入手続きをするときは、「健康保険厚生年金保険新規適用届」（書式6）、「健康保険厚生年金保険　保険料口座振替納付（変更）申出書」（書式7）を提出します。会社を新たに設立した場合だけでなく、支店を設置した場合にも、新規適用届を提出します。提出先は所轄年金事務所です。

　また、加入者（加入後は「被保険者」と呼びます）についての「健康保険厚生年金保険被保険者資格取得届」（161ページ）も同時に提出します。加入者に配偶者や子などの被扶養者がいる場合は「健康保険被扶養者（異動）届」（164ページ）を提出します。

【ポイント】

　健康保険厚生年金保険新規適用届の事業主記入欄の、事業所名称のフリガナについては、株式会社の場合には、「カ」、特例有限会社の場合には「ユ」、合名会社の場合には「メ」、合資会社の場合には「シ」と記載します（合同会社など、これら以外の法人については、そのままフリガナで記入します）。

書式6　健康保険厚生年金保険新規適用届

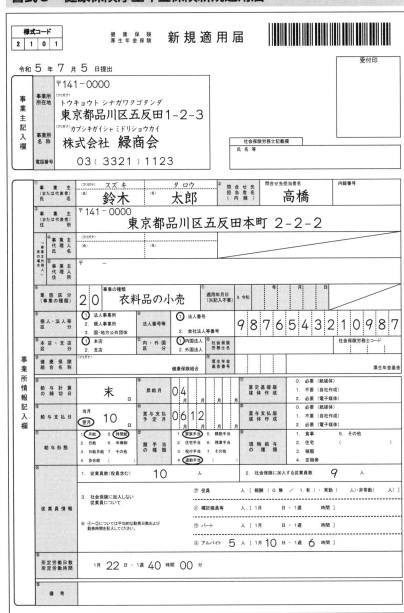

書式7　健康保険厚生年金保険保険料口座振替納付（変更）申出書

様式コード			
2	5	9	3

健康保険
厚生年金保険　保険料口座振替納付（変更）申出書

品川 年金事務所長 あて　　令和 5 年 7 月 5 日提出

	事業所 整理記号						ー			事業所番号 （告知番号）						日本年金機構

提出者記入欄

事業所 所在地	〒 141 － 0000 品川区五反田 1 － 2 － 3
（フリガナ） 事業所 名称	カブシキガイシャ　ミドリ ショウカイ 株式会社　緑商会
（フリガナ） 事業主 氏名	ダイヒョウトリシマリヤク　スズキ　タロウ 代表取締役　鈴木 太郎
電話番号	03 （ 3321 ） 1123

私は、下記により保険料を口座振替によって納付したいので、保険料額等必要な事項を記載した納入告知書は、指定の金融機関あてに送付してください。

納入告知（納付）書をお持ちの場合は、記載されている事業所整理記号等をご記入ください。事業主氏名の欄には、肩書と氏名をご記入ください。

1. 振替事由　該当する項目に〇をつけてください。
※複写となっていますので、〇をつける際は、強めにご記入ください。

A 事 由	振替事由 区分	① 新規 2. 変更

2. 指定預金口座　口座振替を希望する金融機関（納入告知書送付先）インターネット専業銀行等、一部お取り扱いできない金融機関があります。
・太枠内に必要事項を記入し、押印してください。（銀行等またはゆうちょ銀行のいずれかを選んでご記入ください。）
・預金口座は、年金事務所へお届けの所在地、名称、事業主氏名と口座名義が同一のものをご指定ください。

B 指定預金口座	銀行区分	（ゆうちょ銀行を除く）銀行等	金融機関名	とびうお	① 銀行　4.労働金庫 2.信用金庫　5.農協 3.信用組合　6.漁協	五反田	1.本店　3.本所 ② 支店　4.支所
			預金種別	① 普通 2.当座	口座番号 （右詰めで記入） 1 2 3 4 5 6 7	金融機関 コード	支店 コード
		ゆうちょ銀行	通帳記号	1 ☐ 0 －	通帳番号 （右詰めで記入）	お届け印 銀行区分に関わらず 2枚目に 押印してください

3. 対象保険料等　健康保険料、厚生年金保険料および子ども・子育て拠出金
4. 振替納付指定日　納期の最終日（休日の場合は翌営業日）

注）1. 口座振替を希望する金融機関、指定預金口座等を変更するときは、ただちに、この用紙によりご提出ください。
　　2. 提出された時期により、振替開始月が翌月以降になることがありますのでご了承ください。

	金融機関の確認欄

1枚目（年金事務所用）	機構 使用欄	

6 事業所を廃止する場合の届出

● 事務所を廃止する場合の手続き

　事業所が解散、廃止、休業、合併で事業廃止となった場合は、すべての被保険者の資格喪失手続きとともに、適用事業所全喪届を提出します。また、適用事業所でなかった事業所が事業主の申請により適用事業所となり、その後再び申請により適用事業所でなくなった場合（任意包括脱退といいます）もこの届出をします。

【届出】

　事業所を廃止した場合は、すみやかに「健康保険・厚生年金保険適用事業所全喪届」（書式8）を年金事務所または健康保険組合に提出します。

【添付書類】

・解散登記の記載のある法人登記簿謄本のコピーまたは雇用保険適用
　事業所廃止届（事業主控）のコピー
・健康保険厚生年金保険被保険者資格喪失届（全員分）
・健康保険被保険者証（全員分）

（以下、任意包括脱退により適用事務所でなくなる場合）

・健康保険・厚生年金保険任意適用取消申請同意書
・健康保険・厚生年金保険任意適用取消申請書
・給与支払事務所等の廃止届等（事業廃止を証明できる書類）

【ポイント】

　全喪年月日は、事業を解散、廃止した日の翌日、合併のときは合併の日、任意包括脱退のときは、認可のあった日の翌日を記入します。また、完全な廃止ではなく、休業でいずれ事業を再開する場合は、「事業再開見込年月日」を記入します。

書式8　健康保険・厚生年金保険適用事業所全喪届

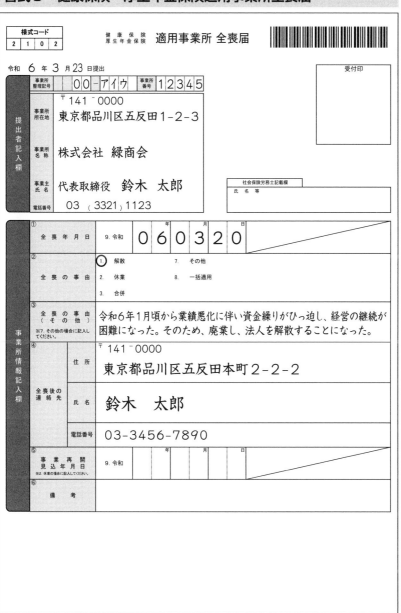

様式コード			
2	1	0	2

健康保険
厚生年金保険　適用事業所 全喪届

令和 6 年 3 月 23 日提出

受付印

提出者記入欄

事業所
整理記号　00 - アイウ　事業所
番号　12345

事業所
所在地　〒141 - 0000
東京都品川区五反田1-2-3

事業所
名称　株式会社 緑商会

事業主
氏名　代表取締役　鈴木　太郎

電話番号　03（3321）1123

社会保険労務士記載欄
氏名等

事業所情報記入欄

① 全喪年月日
9.令和　年 06　月 03　日 20

② 全喪の事由
1. 解散　　7. その他
2. 休業　　8. 一括適用
3. 合併

③ 全喪の事由
（その他）
※7.その他の場合に記入
してください。
令和6年1月頃から業績悪化に伴い資金繰りがひっ迫し、経営の継続が困難になった。そのため、廃業し、法人を解散することになった。

④ 全喪後の連絡先
住所　〒141 - 0000
東京都品川区五反田本町2-2-2

氏名　鈴木　太郎

電話番号　03-3456-7890

⑤ 事業再開
見込年月日
※2.休業の場合に記入してください。
9.令和　年　　月　　日

⑥ 備考

労働協約と就業規則、労働基準法との関係

　たとえば、賞与を支給する会社では、労働契約、就業規則、労働協約などに、賞与の支給条件や支給時期、計算方法についての規定を置きますが、労働協約とはどのようなものなのでしょうか。

　就業規則は、労働者の待遇、採用、退職、解雇など人事の取扱いや服務規定、福利厚生その他の内容を定めています。就業規則で定める内容を下回る労働契約は無効になり、無効になった部分は就業規則の内容が労働契約の内容になります（労働契約法12条）。また、就業規則が法令や労働協約に違反する場合、その反する部分については、労働者との間の労働契約には適用されません（労働契約法13条）。

　労働協約は、労働組合が労働条件を向上させるため、労働組合法に基づいて締結される、労働組合と使用者との間の書面による協定です。

　労働協約の内容は、組合員の賃金、労働時間、休日、休暇などの労働条件や、労働組合と使用者との関係などであり、団体交渉を経て、労使間で合意に達した事項を文書化し、労使双方の代表者が署名または記名押印して効力が生じます。労働協約は労働組合がない場合には締結できません。労働協約に反する労働契約や就業規則は無効となり、無効となった部分は労働協約の内容が労働契約の内容になります。労働協約が及ぶのは、原則として協約当事者である労働組合の組合員に限られます。ただし、労働者の4分の3以上が適用される労働協約については、事業場全体の労働者に対して適用されます。

　このように労働条件は、労働契約、就業規則、労働協約や、労働条件の最低基準を定める労働基準法などによって決まります。就業規則、労働協約、労働基準法、労働契約の内容が食い違っている場合には、一般的に「労働基準法≧労働協約≧就業規則≧労働契約」の関係で効力が判断されます。

第9章

事業所調査のしくみ

年金事務所が行う社会保険の定時決定調査について

● どんなことを調査されるのか

　事業所調査とは、日本年金機構が行う定期的な調査のことです。調査というと、ニュースやドラマの映像のように、複数の職員が事務所へぞろぞろと入っていき、大量の書類を段ボール箱に入れて運び去る、というイメージを抱いているかもしれませんが、事業所調査に関してはそのようなことはありません。調査の対象とされた事業所が事業所の所在地を管轄する年金事務所へ出向いた上で行われることになります（近年では、郵送や電子申請でも行われています）。

　調査は、事業所で行う社会保険の手続きが「適正か」を調べることが目的です。調査のうち、特に念入りに調べられるのが、パートやアルバイトなどの非正規雇用者の社会保険加入状況です。

　令和4年10月からは短時間労働者の社会保険適用が拡大され、101人以上の従業員をもつ事業所が対象となっています。また、短時間労働者の適用要件も、雇用期間が2か月を超えて見込まれることが要件になっています。さらには、令和6年10月からは、51人以上の従業員をもつ事業所が対象になります。少子高齢化などの影響もあり、社会保障に使用する財源が決定的に不足していることから、多様化している短時間勤務の労働者に社会保険へ加入してもらうことが改正の目的です。

　国としては、とにかく社会保険へ加入し、保険料を集めなければなりません。本来社会保険に加入しなければならない、もしくは加入要件ギリギリの働き方をするパートやアルバイトが未加入の場合は、賃金台帳や給与明細書を確認の上、適正かどうかを判断することになります。また、加入されている場合でも、標準報酬月額が実際に支給された給与に応じた内容かも確認されるため、注意が必要です。

● 事業所調査の通知がきたらどうする

　事業所調査の対象となった場合、事業所所在地を管轄する年金事務所より書類が届きます。その中には、調査を実施する日時（または年金事務所へ郵送、電子申請する期限）と必要書類が記載されています。

　限られた日程内で必要書類をそろえる必要があるため、日頃からの社内体制の整備具合が問われるでしょう。社会保険労務士と顧問契約をしている場合は、早急に調査の日時（または提出期限）と内容について伝え、協力を仰ぐべきです。

　なお、指定された日時に出頭（または提出期限までに郵送、電子申請）しなかった場合は、後日に年金事務所より電話がかかってくることがあります。それでも応じない場合は年金事務所の担当者が事務所へ出向くという事態にもなりかねないため、注意が必要です。単に用事で指定された日程に出頭（または提出期限までに郵送、電子申請）するのが難しい場合は、書類に記載された年金事務所へ電話をして、変更の依頼をすることができます。

● どんな書類を用意すればよいのか

　調査の際に必要となる書類は、事業主宛に届いた「健康保険及び厚生年金保険被保険者の資格及び報酬等調査の実施について」という通

■ **事業所調査** ···

事業所調査の通知

年金事務所 → 事業所

出頭・郵送・電子申請

数年に一度、調査対象となった事業所に対して行われる
社会保険の加入状況（特にパート・アルバイト）などを調査することが目的
調査に備えて、出勤簿、賃金台帳、就業規則の整備などの労務管理が必要

知書に記されています。

　具体的には、以下の書類が必要となるため、用意しなければなりません。

①　報酬・雇用に関する調査票（同封された用紙に記入）

②　源泉所得税領収証書

③　就業規則および給与規程

④　賃金台帳または賃金支給明細書

⑤　出勤簿（タイムカードも可）※賃金台帳等において出勤日数および労働時間が確認できる場合は省略可

● 年金事務所はどんな点をチェックするのか

　年金事務所側は持参（または郵送、電子申請）された書類をもとに、社会保険の加入状況について一つずつ調べていきます。

　重視されるポイントとしては、まずは社会保険に加入している者の人数です。前述②の源泉所得税領収証書に記された従業員数をもとに、そのうち何人の従業員が社会保険に加入しているかを調査します。特にパート・アルバイトなどの非正規雇用者の加入状況は一人ずつ念入りに調べ、加入していない者に対してはそれが適正かを検証します。

　次に、社会保険加入者の標準報酬月額等級が正しいかを調べます。昇給や各種手当に応じた標準報酬月額が定められているか、または通勤費、時間外労働手当が反映されているか、報酬変更時に正しい手続きがされているかを順に確認していきます。

　なお、源泉所得税領収証書には実際に支払った給与の金額も記載されているため、帳簿との差がないか、金額が適正かを同時にチェックされることになります。

　また、新入社員の社会保険加入日についても重要なポイントです。よく、試用期間中の従業員を社会保険に加入させていない事業所がありますが、試用期間中も社会保険への加入要件を満たす働き方をさせ

ている場合は、当然ながら社会保険への加入が必要です。また、試用期間のみを対象とした雇用契約を締結する場合もありますが、これも試用期間後に本採用として契約を更新することになっている場合は、試用期間中も社会保険への加入を要します。

● 会社としてはどんな対策や準備をすべきか

　事業所調査は、社会保険に加入している事業所に対して数年に一度行われるものです。調査目的から判断すると、たとえば工場を抱える製造業や飲食などのサービス業など、比較的非正規雇用者が多い業種に対して調査が行われやすいと言われています。また、介護職など比較的高齢の従業員が多い場合や外国人労働者を雇う場合なども要注意です。

　ただし、現在ではどの事業所に関してもそれほど差はなく、長くて5年に一度はこの調査が実施される流れになっています。今は大丈夫でも、将来において対象となることは十分にあり得ます。

　そのためには、今のうちから対策を取っておかなければなりません。いつ調査が入っても問題がない状態にする必要があります。

　具体的には、まずは勤怠や給与計算の業務をマニュアル化し、パートやアルバイト、日雇い労働者などを含むすべての従業員に対して徹底することです。

　社会保険に加入するか否かは、収入や労働時間、労働日数に左右されます。出勤簿やタイムカードを正しい時間で毎日つけるように心がけ、給与明細書や賃金台帳、源泉所得税領収証書の控え分とともに毎月必ず整理した上で保管を行います。保管期間は、法律で定められた期間は保管を続けるようにしましょう。また、従業員の労働時間について定めた就業規則や賃金規程の整備も必要です。パート・アルバイトの非正規雇用者に対し、正規社員と異なる形態で支払いを行っている場合は、別途専用の規程を作成しておかなければなりません。

資料　定時決定（算定）時調査のご案内

事業主　様

日本年金機構　〇〇年金事務所

健康保険及び厚生年金保険被保険者の資格及び報酬等調査の実施について

　　事業主の皆様には、日頃から社会保険事務の運営にご協力いただき、厚くお礼申し上げます。

　　この度、貴事務所の従業員に係る健康保険及び厚生年金保険の被保険者資格及び報酬等につきまして、調査を実施させていただくこととなりました。

　　つきましては、業務ご多忙のところ誠にお手数と存じますが、下記により必要な帳簿等の写しをとっていただき、当所まで郵送いただきますようご協力をお願い申し上げます。帳簿等の内容で確認させていただきたいことがありましたら、連絡させていただくことがあります。※帳簿等の郵送に代えて、電子申請（e-Gov）での提出が可能となりました。詳細は、別添をご確認ください。

記

1．提出期限　令和〇年〇月〇日（〇）まで

2．調査対象　社会保険の適用の有無や雇用形態に関わらず在職している全役員全従業員（パートやアルバイトの短時間就労者等を含みます）が調査の対象となります。

3．提出していただくもの

　① 報酬・雇用に関する調査票（同封の用紙にご記入下さい）

　② 源泉所得税領収証書

　③ 就業規則および給与規程

　④ 賃金台帳または賃金支給明細書

　⑤ 出勤簿（タイムカードも可）※賃金台帳等において出勤日数および労働時間が確認できる場合は省略可とします

4．今回の調査は、健康保険法第 198 条第 1 項、厚生年金保険法第 100 条第 1 項に基づき行うものです。

5．書類の提出（郵送）先

　〇〇〇-〇〇〇〇

　〇〇市〇〇町〇-〇-〇

　〇〇年金事務所厚生年金適用調査課

お問い合わせ

　TEL〇〇-〇〇〇〇-〇〇〇〇

労働保険や社会保険に加入していない事業所について

● 加入が義務付けられているが未加入の事業所は沢山ある

　労働保険制度や社会保険制度では、適用要件を満たす事業所に対して、加入を義務付けています。しかし、中には未加入のままでいる事業所が存在することも事実です。

　我が国の9割以上が中小企業・零細企業といわれていますが、これらの小規模事業所の中には、加入手続きを取っていない場合が見られます。たとえば、労働保険・社会保険いずれも未加入、労働保険のみ加入で社会保険には未加入などのケースです。

　原因としては、まず労働保険や社会保険のしくみを理解していない場合があります。たとえば、加入意思があるものの、手続き方法がわからない、もしくは煩わしさから行っていないケースです。このような場合は、まずは最寄りの労働基準監督署や年金事務所に連絡を取り、手続きを行う場所や方法について尋ねてみましょう。

　さらに、保険料の支払いを避けるために、あえてこれらの保険に加入しないケースが見られます。言うまでもなく、加入すべき労働保険・社会保険に加入しない行為は違法となります。国側もこの事実を見逃さないよう、法人マイナンバー（法人番号）を活用して未加入の事業所を摘発していく動きが見られています。

● どんなペナルティを受けるのか

　社会保険への未加入が発覚した場合、まずは事業所の所在地を管轄する年金事務所より加入を促す連絡と、加入の際に必要となる手続き書類が郵送されます。ここで加入の手続きを行えば、まず問題はないといえるでしょう。

しかし、それでも加入手続きに踏み切らない場合、年金事務所職員による立ち入り検査や、認定による強制加入手続きがなされる場合があります。その際には、追徴金の支払や罰則が科される可能性もあります。

　一方、労働保険の場合も、事業所の所在地を管轄する労働基準監督署より加入を促す連絡と、加入の際に必要となる手続書類が郵送されます。ここで加入指導に従わない場合は、罰則の対象となる可能性がありますが、それに加えて労働保険にまつわる給付を受ける際に大きな損失を被ります。たとえば、労災保険に未加入の状態で労災事故が発生した場合、通常であれば国から受けることができる給付金を事業所が肩代わりする可能性があります。また、退職者が失業の際の給付を受けるために雇用保険の未加入の事実を訴え出る恐れもあります。

　労働保険にしろ、社会保険にしろ、加入することによるメリットが多々あります。加入の義務がある場合は、早急に加入するべきだといえるでしょう。

● これから加入する場合にはどんな手続きをするのか

　労働保険や社会保険への未加入の事実が発覚した場合、新規加入の手続きを行います。新規加入の手続きについては労働保険、社会保険ともに通常の場合と同じ手順となりますが、未加入であった期間の保険料をさかのぼって支払わなければなりません。未加入期間は最大2年で計算され、併せて追徴金の徴収も行われます。

　さらに、加入に対する督促状の期限内に加入手続きを行わなかった場合や立入調査に対して非協力的であった場合は、社会保険の場合は6か月以下の懲役または50万円以下の罰金、労働保険の場合は6か月以上の懲役または30万円以下の罰金が科される可能性があるため、注意が必要です。

Q 労災には加入しているが社会保険に加入していないという場合はどうなるのでしょうか。

A 労働保険の場合、労働者を一人でも雇用する事業所は加入をする義務があります。一方、社会保険の場合は、法人の事業所は労働者を雇用していない場合でも加入をしなければなりません。会社の設立をしていない個人事業所の場合でも、労働者を5人以上雇用する場合は、一部の業種を除いて加入する義務があります。

したがって、労災には加入しているものの社会保険に加入をしていないことが認められる事業所は、労働者が5人に満たない個人事業所が挙げられます。我が国には9割以上の中小企業、零細企業があるため、労働保険のみ加入義務が生じる事業所は多く存在することが予想されます。そして、上記以外の事業所、たとえば法人の場合は5人以上の労働者がいるにもかかわらず社会保険に加入していない場合は社会保険に加入しなければなりません。加入していない場合は法律違反となり、罰則や罰金が必要になる可能性があります。

罰則の内容は、健康保険法によると、事業主が社会保険にまつわる届出を正しく行っていない場合などに6か月以下の懲役または50万円以下の罰金が科されるとされています。また、本来であれば加入すべき期間を加入していなかったということで、過去にさかのぼって社会保険加入対象者分の社会保険料の支払いをしなければなりません。期間は最長で2年間となり、さらに延滞金の支払も求められます。すでに退職している労働者であっても、2年以内に社会保険の加入対象者として働いている事実があれば、その労働者分の保険料も支払う必要があります。

実際には、よほど悪質ではない限り過去の保険料の支払は求められない可能性がありますが、未加入事業所に対する対策強化の流れがあるため、決して加入義務を怠らないようにしなければなりません。

3 社会保険料逃れにならないようにするための手続き

● 標準報酬のしくみを理解しておかないと社保調査で問題になる

　少子高齢化の影響により、社会福祉関係の予算は不足し続けています。そのため、社会保険料の未納問題に対する年金機構の対策は厳しくなり、調査数の増加や調査内容の詳細化が顕著になっています。

　このような調査で指摘を受けないためにも、各会社としては、正しく適正な方法で社会保険料を納める必要があります。そのためには、社会保険料のしくみを正しく理解しなければなりません。

　社会保険制度において覚えておかなければならない特徴のひとつに、標準報酬制度があります。これは、毎月の給料計算のたびに保険料を算出し、事務負担を増やすことを防ぐため、あらかじめ給料額を複数の等級に分類した「標準報酬月額」を用い、給料を該当する等級に当てはめて保険料を決定するしくみのことです。健康保険・厚生年金保険それぞれの金額に応じた標準報酬月額表が定められており、最新の表は日本年金機構や協会けんぽのサイトより入手できます。なお、標準報酬制度は賞与にも適用されており、「標準賞与額」を用いて、該当する等級に保険料率を掛けて求めた額が社会保険料となります。

● 3か月連続大幅アップ・ダウンしている場合は随時改定が必要

　標準報酬月額の改定は、原則は「定時決定」として、毎年4月～6月の3か月間の報酬に応じて行われ、その金額はその年の9月から1年間適用されます。しかし、会社によっては、定時昇給以外の昇給や雇用形態の変更、異動による通勤費の変更などによる大幅な報酬額の増減が生じる場合があります。そこで、以下の条件に該当するときには、定時決定を待たずに標準報酬月額を変更するという随時改定制度

が用いられます。

① 報酬の固定的部分（基本給、家族手当、通勤手当など）の変動

② 報酬の変動月とその後2か月の報酬（手当等変動部分も含む）の平均が現在の標準報酬月額に比べて2等級以上の増減

③ 3か月とも報酬支払基礎日数が17日以上ある

　随時改定の必要があったにもかかわらず改定を行わなかった場合、報酬に応じた正しい社会保険料の支払ができなくなります。特に報酬がアップした場合に改定を行わないと、保険料逃れとみなされ、社保調査の際に問題となります。随時改定のタイミングを忘れないよう、毎月の給与額チェックは確実に行い、増減が生じた労働者の金額には特に注意を払う必要があります。

● 保険料逃れのための賞与の分割支給は許されない

　社会保険料の金額は国によって毎年改定が行われ、年を追うごとに増加の一途をたどっている状況です。そのため、少しでも納めるべき保険料の金額を減らすために、賞与を利用する会社が問題視されています。具体的には、標準賞与額の査定を免れるため、支払う予定の賞与額を按分して毎月の給与額に上乗せし、保険料の金額を減額させようという方法のことです。このような問題に対する対策として、厚生労働省は「『健康保険法及び厚生年金保険法における賞与に係る報酬の取扱いについて』の一部改正について」という内容の通知を発令しました。これにより、賞与として支払われるべき賃金の分割支給額は、毎月の給与と扱うことが不可能になります。賞与の支給を適切に行わず、毎月の給与額に上乗せする方法で保険料逃れを図った場合、社保調査により厳しい指摘を受ける可能性があります。労働者が将来適切な金額の年金を受け取ることができるよう、このような保険料逃れは避けなければなりません。

Q 事業所調査により加入が必要な手続きに未加入であることが発覚した場合に年金事務所や税務署にはどんな書類を提出する必要があるのでしょうか。

A 加入が必要な手続きに未加入であることが発覚した場合は、早急に労災保険の加入手続きと雇用保険関係の届出を行わなければなりません。ただし、起業時に社長1人だけの場合は加入の必要はなく、そもそも調査で指摘されることはありません。しかし、その後従業員を雇用した場合は労働保険への加入手続きが必要になるため、注意が必要です。

① **労働保険の保険関係成立届**

正規・非正規問わず、労働者を採用している場合は必ず労働保険に加入しなければならず、これを労働保険関係の成立といいます。

労働保険には労災保険と雇用保険の2つがあり、原則として両保険同時に加入しなければなりません（一元適用事業）。しかし、建設業を始めとするいくつかの事業は、現場で働いている人と会社で働いている人が異なる場合があるため、労災保険と雇用保険が別々に成立する二元適用事業とされています。

必要になる書類は、まず会社の設立時、または労働者の雇用時に提出が必要となる「保険関係成立届」で、これを所轄の労働基準監督署へ届け出ます。支店で労働者を雇用している場合は、支店についての保険関係成立届も必要です。会社など法人の場合には登記事項証明書、個人の場合には事業主の住民票の写しなどを添付書類として提出します。

② **雇用保険適用事業所設置届**

労働保険関係の成立と同じく、労働者を採用している場合、業種や事業規模に関係なく雇用保険への加入が必要です。ただし、5人未満の個人事業（農林水産・畜産・養蚕の事業）に限り任意加入です。

手続きの手順としては、まず、雇用保険の加入該当者を雇用した場

合に提出が必要となる「雇用保険適用事業所設置届」を所轄公共職業安定所に届け出ます。添付書類は以下のとおりです。

・労働保険関係成立届の控えと雇用保険被保険者資格取得届

・会社などの法人の場合には法人登記事項証明書

・個人の場合には事業主の住民票または開業に関する届出書類

・賃金台帳・労働者名簿・出勤簿等の雇用の事実が確認できる書類

③　雇用保険被保険者資格取得届

雇用保険適用事業所設置届の提出後は、加入対象となる労働者分の雇用保険の加入手続きを行います。パート・アルバイトなどの正社員以外の非正規雇用者であっても、以下の場合には被保険者となります。

ⓐ　1週間の所定労働時間が20時間以上であり、31日以上雇用される見込みがある者（一般被保険者）

ⓑ　4か月を超えて季節的に雇用される者（短期雇用特例被保険者）

ⓒ　65歳以上の一般被保険者（高年齢被保険者）

ⓓ　30日以内の期間または日々雇用される者（日雇労働被保険者）

なお、個人事業主、会社など法人の社長は雇用保険の被保険者にはなりませんが、代表者以外の取締役については、部長などの従業員としての身分があり、労働者としての賃金が支給されていると認められれば、被保険者となる場合があります。

資格取得届を提出する場合、原則として添付書類は不要です。ただし、未加入発覚後に届出をする場合には、①労働者名簿、出勤簿（またはタイムカード）、賃金台帳、労働条件通知書（パートタイマー）等の雇用の事実と雇入日が確認できる書類、②雇用保険適用事業所台帳の添付が求められるケースがあります。

●被保険者を雇用したときの社会保険の手続き

社会保険（健康保険・厚生年金保険）の場合は雇用保険とは異なり、労働者が1人もいない場合であっても（社長1人だけの会社であっても）、会社設立の時点で加入をしなければなりません。

① 新規適用届

　社会保険の加入手続きをする場合、事業所の所在地を管轄する年金事務所に「健康保険厚生年金保険新規適用届」を、保険料の納付を口座振替で希望する場合は、同時に「保険料口座振替納付（変更）申出書」を提出します。

　なお、支店を設置している場合にも「新規適用届」が必要です。添付書類は、ⓐ法人事業所の場合は登記事項証明書、ⓑ強制適用となる個人事業所の場合は事業主の世帯全員の住民票（コピー不可）です。

② 健康保険厚生年金保険被保険者資格取得届

　労働者を採用しており、その労働者が社会保険の加入要件に該当する場合は、資格取得の手続きを行わなければなりません。会社などの法人の役員・代表者の場合でも、社会保険では「会社に使用される人」として被保険者になります。ただし、個人事業主は「使用される人」ではないとされ、加入要件には該当しません。

　また、ⓐ日雇労働者、ⓑ2か月以内の期間を定めて使用される者、ⓒ4か月以内の季節的業務に使用される者、ⓓ臨時的事業の事業所に使用される者（6か月以内）、ⓔ短時間労働者（目安は1週間の所定労働時間または1か月の所定労働日数が正社員の4分の3未満）は、被保険者にはなりません。

　なお、101人以上（令和6年10月以降は51人以上）の労働者を雇用する事業所の場合は、ⓕ1週間の所定労働時間が20時間以上、ⓖ月額賃金88,000円以上、ⓗ2か月を超えての継続雇用見込みがある、ⓘ学生でない場合は、短時間労働者でも社会保険が適用されます。

　手続きとしては「健康保険厚生年金保険被保険者資格取得届」を、事業所を管轄する年金事務所に届け出ます。添付書類は、①健康保険被扶養者（異動）届（被扶養者がいる場合）、②定年再雇用の場合は就業規則、事業主の証明書などです。

令和5年3月分（4月納付分）からの健康保険・厚生年金保険の保険料額表

- ・健康保険料率：令和5年3月分〜　適用
- ・介護保険料率：令和5年3月分〜　適用
- ・厚生年金保険料率：平成29年9月分〜　適用
- ・子ども・子育て拠出金率：令和2年4月分〜　適用

（東京都）　　（単位：円）

標準報酬 等級	月額	報酬月額		全国健康保険協会管掌健康保険料				厚生年金保険料（厚生年金基金加入員を除く）	
				介護保険第2号被保険者に該当しない場合		介護保険第2号被保険者に該当する場合		一般・坑内員・船員	
				10.00%		11.82%		18.300%※	
等級	月額	円以上	円未満	全額	折半額	全額	折半額	全額	折半額
1	58,000	～	63,000	5,800.0	2,900.0	6,855.6	3,427.8		
2	68,000	63,000 ～	73,000	6,800.0	3,400.0	8,037.6	4,018.8		
3	78,000	73,000 ～	83,000	7,800.0	3,900.0	9,219.6	4,609.8		
4(1)	88,000	83,000 ～	93,000	8,800.0	4,400.0	10,401.6	5,200.8	16,104.00	8,052.00
5(2)	98,000	93,000 ～	101,000	9,800.0	4,900.0	11,583.6	5,791.8	17,934.00	8,967.00
6(3)	104,000	101,000 ～	107,000	10,400.0	5,200.0	12,292.8	6,146.4	19,032.00	9,516.00
7(4)	110,000	107,000 ～	114,000	11,000.0	5,500.0	13,002.0	6,501.0	20,130.00	10,065.00
8(5)	118,000	114,000 ～	122,000	11,800.0	5,900.0	13,947.6	6,973.8	21,594.00	10,797.00
9(6)	126,000	122,000 ～	130,000	12,600.0	6,300.0	14,893.2	7,446.6	23,058.00	11,529.00
10(7)	134,000	130,000 ～	138,000	13,400.0	6,700.0	15,838.8	7,919.4	24,522.00	12,261.00
11(8)	142,000	138,000 ～	146,000	14,200.0	7,100.0	16,784.4	8,392.2	25,986.00	12,993.00
12(9)	150,000	146,000 ～	155,000	15,000.0	7,500.0	17,730.0	8,865.0	27,450.00	13,725.00
13(10)	160,000	155,000 ～	165,000	16,000.0	8,000.0	18,912.0	9,456.0	29,280.00	14,640.00
14(11)	170,000	165,000 ～	175,000	17,000.0	8,500.0	20,094.0	10,047.0	31,110.00	15,555.00
15(12)	180,000	175,000 ～	185,000	18,000.0	9,000.0	21,276.0	10,638.0	32,940.00	16,470.00
16(13)	190,000	185,000 ～	195,000	19,000.0	9,500.0	22,458.0	11,229.0	34,770.00	17,385.00
17(14)	200,000	195,000 ～	210,000	20,000.0	10,000.0	23,640.0	11,820.0	36,600.00	18,300.00
18(15)	220,000	210,000 ～	230,000	22,000.0	11,000.0	26,004.0	13,002.0	40,260.00	20,130.00
19(16)	240,000	230,000 ～	250,000	24,000.0	12,000.0	28,368.0	14,184.0	43,920.00	21,960.00
20(17)	260,000	250,000 ～	270,000	26,000.0	13,000.0	30,732.0	15,366.0	47,580.00	23,790.00
21(18)	280,000	270,000 ～	290,000	28,000.0	14,000.0	33,096.0	16,548.0	51,240.00	25,620.00
22(19)	300,000	290,000 ～	310,000	30,000.0	15,000.0	35,460.0	17,730.0	54,900.00	27,450.00
23(20)	320,000	310,000 ～	330,000	32,000.0	16,000.0	37,824.0	18,912.0	58,560.00	29,280.00
24(21)	340,000	330,000 ～	350,000	34,000.0	17,000.0	40,188.0	20,094.0	62,220.00	31,110.00
25(22)	360,000	350,000 ～	370,000	36,000.0	18,000.0	42,552.0	21,276.0	65,880.00	32,940.00
26(23)	380,000	370,000 ～	395,000	38,000.0	19,000.0	44,916.0	22,458.0	69,540.00	34,770.00
27(24)	410,000	395,000 ～	425,000	41,000.0	20,500.0	48,462.0	24,231.0	75,030.00	37,515.00
28(25)	440,000	425,000 ～	455,000	44,000.0	22,000.0	52,008.0	26,004.0	80,520.00	40,260.00
29(26)	470,000	455,000 ～	485,000	47,000.0	23,500.0	55,554.0	27,777.0	86,010.00	43,005.00
30(27)	500,000	485,000 ～	515,000	50,000.0	25,000.0	59,100.0	29,550.0	91,500.00	45,750.00
31(28)	530,000	515,000 ～	545,000	53,000.0	26,500.0	62,646.0	31,323.0	96,990.00	48,495.00
32(29)	560,000	545,000 ～	575,000	56,000.0	28,000.0	66,192.0	33,096.0	102,480.00	51,240.00
33(30)	590,000	575,000 ～	605,000	59,000.0	29,500.0	69,738.0	34,869.0	107,970.00	53,985.00
34(31)	620,000	605,000 ～	635,000	62,000.0	31,000.0	73,284.0	36,642.0	113,460.00	56,730.00
35(32)	650,000	635,000 ～	665,000	65,000.0	32,500.0	76,830.0	38,415.0	118,950.00	59,475.00
36	680,000	665,000 ～	695,000	68,000.0	34,000.0	80,376.0	40,188.0		
37	710,000	695,000 ～	730,000	71,000.0	35,500.0	83,922.0	41,961.0		
38	750,000	730,000 ～	770,000	75,000.0	37,500.0	88,650.0	44,325.0		
39	790,000	770,000 ～	810,000	79,000.0	39,500.0	93,378.0	46,689.0		
40	830,000	810,000 ～	855,000	83,000.0	41,500.0	98,106.0	49,053.0		
41	880,000	855,000 ～	905,000	88,000.0	44,000.0	104,016.0	52,008.0		
42	930,000	905,000 ～	955,000	93,000.0	46,500.0	109,926.0	54,963.0		
43	980,000	955,000 ～	1,005,000	98,000.0	49,000.0	115,836.0	57,918.0		
44	1,030,000	1,005,000 ～	1,055,000	103,000.0	51,500.0	121,746.0	60,873.0		
45	1,090,000	1,055,000 ～	1,115,000	109,000.0	54,500.0	128,838.0	64,419.0		
46	1,150,000	1,115,000 ～	1,175,000	115,000.0	57,500.0	135,930.0	67,965.0		
47	1,210,000	1,175,000 ～	1,235,000	121,000.0	60,500.0	143,022.0	71,511.0		
48	1,270,000	1,235,000 ～	1,295,000	127,000.0	63,500.0	150,114.0	75,057.0		
49	1,330,000	1,295,000 ～	1,355,000	133,000.0	66,500.0	157,206.0	78,603.0		
50	1,390,000	1,355,000 ～		139,000.0	69,500.0	164,298.0	82,149.0		

※厚生年金基金に加入している方の厚生年金保険料率は、基金ごとに定められている免除保険料率（2.4%〜5.0%）を控除した率となります。

加入する基金ごとに異なりますので、免除保険料率および厚生年金基金の掛金については、加入する厚生年金基金にお問い合わせください。

◆介護保険第2号被保険者は、40歳から64歳までの方で、健康保険料率（10.00%）に介護保険料率（1.82%）が加わります。
◆等級欄の（　）内の数字は、厚生年金保険の標準報酬月額等級です。
4(1)等級の「報酬月額」欄は、厚生年金保険の場合「93,000円未満」と読み替えてください。
35(32)等級の「報酬月額」欄は、厚生年金保険の場合「635,000円以上」と読み替えてください。
◆令和5年度における全国健康保険協会の任意継続被保険者について、標準報酬月額の上限は、300,000円です。

【監修者紹介】

林　智之（はやし　ともゆき）

1963 年生まれ。東京都出身。社会保険労務士（東京都社会保険労務士会）。早稲田大学社会科学部卒業後、民間企業勤務を経て 2009 年社会保険労務士として独立開業。開業当初はリーマンショックで経営不振に陥った中小企業を支えるため、助成金の提案を中心に行う。さらに「真の GIVER になり世界に貢献する」という理想を掲げ、中小企業の業績向上に寄与できる方法を模索し、そのためには従業員がその能力を十分に発揮することが最善の策という考えにたどりつく。労働者が安心安全に働くことができる職場づくりのための「パワハラ予防社内研修」の実施や、中小零細企業に特化したモチベーションの向上を図れる「人事評価、処遇制度」の構築を提案している。主な監修書に、『障害者総合支援法と障害年金の法律知識』『建設業の法務と労務 実践マニュアル』『給与計算・賞与・退職手続きの法律と税金実務マニュアル』『最新　会社の事務と手続きがわかる事典』など（いずれも小社刊）がある。

櫻坂上社労士事務所（旧さくら坂社労士パートナーズ）
http://www.sakurazakasp.com/

事業者必携
最新　社会保険のしくみと届出書類の書き方

2023年11月30日　第1刷発行

監修者	林智之
発行者	前田俊秀
発行所	株式会社三修社
	〒150-0001　東京都渋谷区神宮前2-2-22
	TEL　03-3405-4511　FAX　03-3405-4522
	振替　00190-9-72758
	https://www.sanshusha.co.jp
	編集担当　北村英治・斎藤俊樹
印刷所	萩原印刷株式会社
製本所	牧製本印刷株式会社

©2023 T. Hayashi Printed in Japan
ISBN978-4-384-04928-2 C2032